基于职业教育视角的中国旅游人才供给与需求研究报告（2019）

JIYU ZHIYE JIAOYU SHIJIAO DE
ZHONGGUO LÜYOU RENCAI GONGJI YU XUQIU YANJIU BAOGAO
(2019)

全国旅游职业教育教学指导委员会
北京第二外国语学院中国旅游人才发展研究院 ○主编

北京·旅游教育出版社

责任编辑：郭珍宏

图书在版编目（CIP）数据

基于职业教育视角的中国旅游人才供给与需求研究报告. 2019 / 全国旅游职业教育教学指导委员会，北京第二外国语学院中国旅游人才发展研究院主编. -- 北京：旅游教育出版社，2020.8

ISBN 978-7-5637-4134-2

Ⅰ. ①基… Ⅱ. ①全… ②北… Ⅲ. ①旅游教育－人才需求－研究报告－中国－2019 Ⅳ. ①F592

中国版本图书馆CIP数据核字(2020)第139610号

基于职业教育视角的中国旅游人才供给与需求研究报告（2019）

全国旅游职业教育教学指导委员会　主编
北京第二外国语学院中国旅游人才发展研究院

出版单位	旅游教育出版社
地　　址	北京市朝阳区定福庄南里1号
邮　　编	100024
发行电话	（010）65778403　65728372　65767462（传真）
本社网址	www.tepcb.com
E - mail	tepfx@163.com
排版单位	北京旅教文化传播有限公司
印刷单位	北京玺诚印务有限公司
经销单位	新华书店
开　　本	787毫米 × 1092毫米　1/16
印　　张	8.25
字　　数	115 千字
版　　次	2020年8月第1版
印　　次	2020年8月第1次印刷
定　　价	68.00元

（图书如有装订差错请与发行部联系）

基于职业教育视角的
中国旅游人才供给与需求研究报告（2019）
编委会

编委会主任： 计金标

编委会成员： 韩玉灵　周春林　王昆欣　林　娜　徐彦平
　　　　　　　孙孟建　王　涛

执 行 主 编： 操　阳

编者（课题组成员）： 苏　炜　王新宇　张晓玲　金丽娇
　　　　　　　　　　　张　骏　崔英芳　李俊楼　许超友

序

中国特色社会主义进入新时代，社会主要矛盾已经转化为人民日益增长的美好生活需要和不平衡不充分的发展之间的矛盾。旅游业作为五大幸福产业之首，如何顺应社会主要矛盾的变化，发挥产业功能和优势，把我国建设成为现代旅游强国，通过旅游业高质量发展更好地推进全面小康社会的建成，是中国特色社会主义新时代旅游业的新使命。

旅游业的高质量发展需要高质量旅游人才的有力支撑。2019年《国家职业教育改革实施方案》中明确提出：要把职业教育摆在教育改革创新和经济社会发展中更加突出的位置。经过5~10年左右时间，职业教育基本完成由政府举办为主向政府统筹管理、社会多元办学的格局转变，由追求规模扩张向提高质量转变，由参照普通教育办学模式向企业社会参与、专业特色鲜明的类型教育转变，大幅提升新时代职业教育现代化水平，为促进经济社会发展和提高国家竞争力提供优质人才资源支撑。如何适应新时代旅游业高质量发展、职业教育高质量发展的新目标、新要求，培养新时代旅游人才，特别是旅游职业教育人才，是摆在旅游职业院校面前亟待解决的重大课题。

为全面了解中国旅游人才供给与需求的现状，科学预测职业教育旅游人才需求的规模和结构，探寻中国旅游人才培养的科学路径和职业教育改革方向，在教育部、全国旅游职业教育教学指导委员会的指导下，在中国旅游人才发展研究院大力支持下，由南京旅游职业学院牵头成立课题组，运用爬虫技术和网络调研等，开展深入细致的调查研究，从需求侧和供给侧两个角度，开展中国旅游企业人力资源状况调查和职业院校旅游人才培养状况调查，全面梳理我国旅游人才需求与供给现状，采用灰色系统$M(1,1)$模型、Elman神经网络模型、文本挖掘技术等方法对我国旅游职业人才需求的数量与质量进行科学预测和分析，旨在为旅游职业教育高质量人才培养和改革提供支撑和依据。

本书在全国旅游职业教育教学指导委员会的指导下，参与本课题项目的研究人员，以高度负责的态度,积极认真地开展研究工作,所在学校给予了大力支持。该书的出版对于加快发展现代旅游职业教育,加大培养新时代旅游职业人才,提升旅游业发展质量和旅游服务水平,更好地发挥旅游业多元化综合作用等具有十分重要的意义。

本书由操阳教授负责统稿,在完成过程中受到教育部、文化和旅游部、全国旅游职业教育教学指导委员会及专家、学者的大力支持和指导,中国旅游人才发展研究院不仅积极参与该研究项目的研究、论证,并予以出版经费支持,在此一并表示感谢!今后,全国旅游职业教育教学指导委员会将持续开展此项研究工作,拓展研究的广度和深度,为我国旅游业发展和旅游职业教育教学改革创新贡献更多的智力成果!

本书编委会
2020.2

前　言

随着我国全面建成小康社会持续推进，随着文旅融合的步伐加快，中国旅游业持续平稳发展，其国民经济战略性支柱产业的地位和作用日益增强。数据显示，2018年全年国内旅游人数55.39亿人次，比上年同期增长10.8%；入出境旅游总人数2.91亿人次，同比增长7.8%；全年实现旅游总收入5.97万亿元，同比增长10.5%。全年全国旅游业对GDP的综合贡献为9.94万亿元，占GDP总量的11.04%。旅游直接就业2826万人，旅游直接和间接就业7991万人，与前一年度相比增加了一万个就业岗位，占全国就业总人口的10.29%。[①] 中国旅游业呈现出产业规模持续扩大、新业态发展加快、综合效应不断增强、幸福产业特质更加明显、国际影响力不断提升等特点。进入新时代，站在新的历史起点，通过旅游业高质量发展让人民群众更有获得感和幸福感，把我国建设成为现代旅游强国，是中国特色社会主义新时代赋予当代旅游人的新使命。

旅游业的高质量发展需要高质量旅游人才，特别是高质量旅游职业教育人才的强力支撑。近年来国家高度重视职业教育的发展。2019年更成为全面推进我国职业教育大改革大发展的新纪元。从年初的国务院印发《国家职业教育教育改革实施方案》(国发〔2019〕4号)，到年末教育部公布《中华人民共和国职业教育法修订草案（征求意见稿）》，国家密集出台了四十多个促进职业教育发展的政策文件。可以看出，职业教育在中国教育改革创新和经济社会发展中地位更加突出。这些政策文件的出台和落地，必将改变中国旅游职业教育的发展轨迹，推动旅游职业教育由追求规模扩张向提高质量转变，促进我国旅游职业教育高质量发展。

本次报告，课题组为获取更多的研究数据，与南京奥派信息技术有限公司合作，建立了旅游企业招聘大数据采集基地，对51job、智联招聘、58同城、最佳东方等主流招聘平台，利用爬虫技术抓取了2019年旅游企业全年员工招聘信息；同时通过问卷调

---

① 2018年旅游市场基本情况.文化和旅游部财务司.2019年2月.

研、网络查询、个别访谈等方式，开展职业院校旅游人才培养和旅游企业人力资源的调研工作。课题组利用灰色GM(1,1)模型、Elman神经网络模型、文本挖掘技术、聚类分析等方法，从需求侧和供给侧两个角度科学分析旅游企业人力资源现状和职业院校旅游人才培养的现状；科学论证和预测旅游产业发展对职业教育旅游类人才需求的规模和人才规格质量的要求，并在此基础上提出相应的对策和建议。

本报告由南京旅游职业学院副院长操阳教授负责总体设计、修改、统稿和审定工作。报告共分六章，具体分工如下：第一章中国旅游业发展概况（张骏、操阳）；第二章中国旅游企业人力资源状况调查（苏炜）；第三章中国职业院校旅游人才培养状况调查（金丽娇）；第四章职业教育旅游类人才需求规模预测与分析（王新宇）；第五章旅游类人才岗位需求预测与质量要求分析（张晓玲）；第六章对策及建议（操阳、崔英方）；报告排版设计和图表美化（李俊楼）；旅游企业招聘大数据采集（许超友，南京奥派信息技术有限公司技术总监）。

非常感谢南京奥派信息技术有限公司在课题数据采集过程中提供的技术支持。同时非常感谢成都职业技术学院张芝敏副教授、宁夏工商职业技术学院杨志国副教授、桂林旅游学院张海琳教授、黑龙江旅游职业技术学院刘晓杰教授、浙江旅游职业学院郎富平副教授为本研究提供了部分旅游企业和院校数据。

本报告在撰写过程中，利用了不少相关的网络资源，院校、企业资料，引用了一些学者的研究成果，在此一并表示衷心的感谢！

由于受调研样本数量的局限和部分统计数据不全的影响，以及研究人员的能力和水平的不足，报告中不当之处在所难免，恳请广大读者批评指正！课题组今后将持续关注我国旅游人才需求与供给发展状况，用更加全面、真实的数据绘制旅游人才需求与供给的画像，为中国旅游职业教育高质量发展做出贡献。

操 阳

2020年2月于南京

目 录

第一章 中国旅游业发展概况 1
    一、中国旅游业发展现状 1
    二、中国旅游业发展问题 4
    三、中国旅游业发展趋势 6

第二章 需求侧调研：旅游企业人力资源状况 8
    一、中国旅游企业发展概况 8
    二、调研方案的设计与说明 9
    三、被调查企业基本情况 10
    四、旅游企业人力资源的基本情况 14
    五、调研结论 21

第三章 供给侧调研：职业院校旅游类人才培养状况 23
    一、中国旅游职业教育发展概况 23
    二、调研方案的设计与说明 24
    三、被调查学校基本情况 25
    四、被调查学校人才培养的基本情况 25
    五、调研结论 33

第四章 职业教育旅游类人才需求规模预测与分析 34
    一、人才需求规模现状分析 34

二、需求规模预测理论模型、计算工具及数据来源……………………35
　　三、需求规模预测与分析……………………………………………………41
　　四、小结………………………………………………………………………55

第五章　旅游类人才岗位需求预测与质量要求分析……………………………56
　　一、旅游类人才岗位需求的质量分析框架…………………………………56
　　二、旅游人才质量词典指标体系的构建……………………………………57
　　三、旅游企业岗位需求预测与人才质量要求分析…………………………64
　　四、小结………………………………………………………………………75

第六章　对策及建议………………………………………………………………76
　　一、政府层面…………………………………………………………………76
　　二、行业企业层面……………………………………………………………82
　　三、职业院校层面……………………………………………………………84

附录1　2019年旅游人才需求预测调研问卷（企业版）…………………………89
附录2　2019年旅游人才需求预测调研问卷（院校版）…………………………95
附录3　被调研职业院校和企业名单……………………………………………102
附录4　旅游企业人力资源负责人访谈提纲及访谈企业名单…………………112
附录5　灰色GM（1,1）模型算法Python语言实现代码………………………114
附录6　应用Matlab实现Elman神经网络模型训练与预测……………………118

第一章　中国旅游业发展概况

新时代，新发展。"十三五"期间，我国旅游业发展迅速，"文旅融合"开局顺利，产业总量规模稳步增长，高质量发展有序推进，作为国民经济发展重要引擎的文旅产业站在一个全新的高度，承担着新的使命。本章从我国旅游业发展的现状、问题和发展趋势等方面开展分析，旨在为我国旅游职业教育人才需求与供给的研究提供思路和指引。

一、中国旅游业发展现状

新时期，我国旅游业稳步发展，主要呈现以下特点：

（一）旅游产业经济稳步增长

近年来，我国旅游业发展供需两旺，旅游产业投资活力迸发，带动了旅游经济的发展。在投融资方面，根据世界旅游及旅行理事会数据统计显示，2018年中国的旅游投资额为1615亿美元，同比增加了4.40%。[1]2019年国家发展改革委核准发行的文化和旅游企业债券规模约777亿元，同比增长5.34倍。[2]另据中国旅游研究院武汉分院研究团队的《2019年中国旅游业发展报告》显示，我国旅游投资规模稳居世界第二，投资主体日渐多元；综合贡献保持世界第二。在市场方面，国内旅游市场稳步增长。据文化和旅游部统计数据显示，2018年全年国内旅游人数55.39亿人次，比上年同期增长10.8%；入出境旅游总人数2.91亿人次，同比增长7.8%；全年实现旅游总收入5.97万亿元，同比增长10.5%。全年全国旅游业对GDP的综合贡献为9.94万亿元，占GDP总量的11.04%。[3]2019年前三季度，国内旅游人数达到45.97亿人次，同比增长8.8%，入境旅游人数超1.08亿人次，同比增长4.7%，出境旅游人数超1.19亿人次，同比增长8.5%。[4]

---

[1] 课题研究组.2019年中国旅游业发展报告[R].武汉：中国旅游研究院武汉分院，2019，12.
[2] 王珂.前三季度国内旅游人数达45.97亿人次[N].人民日报海外版，2019-12-25.
[3] 文化和旅游部财务司.2018年旅游市场基本情况[R].北京：文化和旅游部，2019，12.
[4] 薛枫.今年前三季度国内旅游人数达45.97亿人次，同比增长8.8%[EB/OL].新华网，2019-12-24. http://www.xinhuanet.com/travel/2019-12/24/c_1125383290.htm.

（二）旅游新业态发展加快

近年来，随着旅游者需求的多元化和旅游资源的拓展，旅游新业态的发展加快。2019年，上海设立了中国首个邮轮旅游发展实验区，标志着中国邮轮旅游发展新阶段的到来；四川成都天府青城康养休闲旅游度假区等4家国家级旅游度假区的获批，体现了康养旅游等具有新业态特点的旅游目的地的蓬勃发展；以乡村民宿为抓手乡村旅游得以继续提质升级，首批320个全国乡村旅游重点村公布建立；长城、大运河、长征三个主题的国家文化公园的建设开始启动，文化旅游的发展大有可为。此外，冰雪旅游、温泉旅游、中医药健康旅游等度假休闲旅游产品的开发与建设也都成为旅游市场的新热点。

（三）旅游产业综合效益不断加强

旅游业联动性强，带动性大，影响力广，在促进国民经济发展、助力扶贫、推动公共服务等方面发挥了重要的作用。数据显示，2018年全年全国旅游业对GDP的综合贡献为9.94万亿元，占GDP总量的11.04%。旅游直接就业2826万人，旅游直接和间接就业7991万人，与前一年度相比增加了一万个就业岗位，占全国就业总人口的10.29%，数量上近年来稳居世界第一。[①]我国旅游产业对国民经济综合贡献和社会就业综合贡献均超过了10%，均高于世界平均水平。[②]

在脱贫攻坚战中，旅游业起到了重要作用。深度贫困地区是脱贫攻坚任务的主战场，面对部分地区文化和旅游发展仍比较落后、资金匮乏、人才短缺等问题，在顶层设计上，文化和旅游部制定了《促进乡村旅游发展提质升级行动方案（2018—2020）》《乡村旅游扶贫工程行动方案》《关于支持深度贫困地区旅游扶贫行动方案》等政策，深入推进乡村旅游扶贫。重点支持旅游公共服务保障设施建设、重点景区基础设施建设、红色旅游基础设施建设，通过旅游发展基金，补助旅游景区基础设施、公共服务设施、旅游厕所建设以及乡村旅游、旅游扶贫等转型升级项目，2018年补助地方项目资金超过了14亿元。[③]在政策层面，2018年《关于公布中国"西部行"自驾游精品旅游线路的通知》中认定318川藏线等10条线路为中国"西部行"自驾游精品旅游线路，激发了西部自驾游市场的活力。2019年1月，《"三区三州"旅游大环线设计宣传推广方案》的实施和"三区三州"旅游大环线推介活动的举办等，进一步聚焦深度贫困地

---

① 文化和旅游部财务司.2018年旅游市场基本情况［R］.北京：文化和旅游部，2019，12.
② 伍策，高峰.我国旅游业对经济等综合贡献领先世界平均水平［EB/OL］.http://travel.china.com.cn/txt/2018-01/08/content_50202914.htm，2018-01-08.
③ 雒树刚.2019年全国文化和旅游厅局长会议讲话.2019年1月3日.

区，切实加大了旅游扶贫支持力度。

随着消费升级，游客旅游过程中不仅注重休闲娱乐，也重视便捷、舒畅的体验。旅游目的地围绕游客诉求，除了提升旅游吸引力以外，还要有效提升公共服务品质。近年来，旅游交通出行愈发便捷，2018年底，中国高铁营业里程达到2.9万公里，超过世界高铁总里程的三分之二，成为世界上高铁里程最长、运输密度最高、成网运营场景最复杂的国家；全国公路总里程达到477.35万公里，高速公路达到13.65万公里，里程规模居世界第一。厕所革命推进效果显著，2019年建设旅游厕所2.37万座，超额完成年度目标，旅游厕所电子地图上线率达89%，极大地方便了游客的使用。城乡旅游服务中心建设进一步规范，旅游公共服务信息供给更加高效，交通标识指引体系建设有序推进。①

（四）幸福产业特质更加鲜明

旅游作为刚性需求，已走入"寻常百姓家"，成为衡量现代生活水平的重要指标。2018年，我国国内旅游人数55.39亿人次，比上年同期增长10.8%，人均出游已达4次。2019年，文化和旅游部印发了《关于实施旅游服务质量提升计划的指导意见》，提出一揽子政策举措，大力推动旅游业供给侧结构性改革，推进优质旅游发展。据中国旅游研究院《旅游服务质量调查报告》显示，2019年前三季度旅游服务质量综合评价指数为80.06%，同比增长3.21%，② 消费者对于旅游业的满意度不断提升。

2018年3月，国务院办公厅印发《关于促进全域旅游发展的指导意见》，就推动全域旅游发展做出部署，强调要牢固树立和贯彻落实新发展理念，按照"统筹协调，融合发展；因地制宜，绿色发展；改革创新，示范引导"三项基本原则，加快旅游供给侧结构性改革。③2019年，文化和旅游部正式认定并公布了首批71个国家全域旅游示范区名单。首批全域旅游示范区的建立，体现了我国在实现旅游发展全域化、旅游供给品质化、旅游效益最大化的发展进程中取得了显著的成效，对转变传统旅游发展模式，促进旅游产业高质量发展意义重大，同时也促进了原住民和旅游者幸福感和获得感的提升。

（五）旅游的国际影响力不断提升

我国旅游业发展在国际贡献方面，根据世界旅游及旅行理事会数据统计，2018年中国旅游业对全球GDP的综合贡献高达10.3566万亿元（15 090亿美元），综合贡献

---

① 雒树刚.2020年全国文化和旅游厅局长会议讲话.2020年1月3日.
② 中国旅游研究院.旅游服务质量调查报告[R].北京：中国旅游研究院，2019，9.
③ 国务院办公厅.《关于促进全域旅游发展的指导意见》（国办发〔2018〕15号），2018年3月.

仍居世界第二位;从增速来看,同比增长了7.3%,较上年度增速降幅较大。① 在合作交流方面,2018年度上合组织旅游部长会议,中日韩旅游部长会议,第四次中国—中东欧国家旅游合作高级别会议("16+1")等活动成功举办。"欢乐春节"和"美丽中国"旅游推广等品牌活动影响力持续提升。尤其是旅游产业的发展还助力于"一带一路"的建设。近年来,中国和东盟国家在"一带一路"框架下,已签署多份文化、旅游合作文件,推动建立中国—东盟双边、多边文化旅游合作机制。2018年中国游客到"一带一路"沿线65个国家双向旅游人数突破3000万人次。2019年,文化和旅游部开展"一带一路"文旅产业国际合作重点项目征集与扶持,累计支持85个重点项目,投资总额约177亿元人民币,涉及数字文化产业、旅游演艺、文旅装备等多个行业,涵盖近20个国家和地区。② 据预计到2020年,中国与"一带一路"沿线国家双向旅游人数将达到8500万人次,旅游消费将达到1100亿美元。③ 中国将进一步发展旅游外交作用,促进国际交流,实现合作共赢。

二、中国旅游业发展问题

党的十九大报告指出:中国特色社会主义进入了新时代,我国社会主要矛盾已经转化为人民日益增长的美好生活需要和不平衡不充分的发展之间的矛盾。旅游体现了人类对美好生活的向往与追求。如何解决人民对美好旅游生活需要与旅游发展不平衡不充分之间的矛盾,把旅游业打造为最具影响力的幸福产业,是我国旅游发展的要务。旅游业当前发展仍存在大量不平衡不充分问题,突出表现在以下几个方面:

(一)旅游市场主体不强,高质量旅游产品供给不足

从旅游市场主体发育来看,目前我国旅游企业大多处在转型发展的过程中,一方面,龙头企业特别是具有国际竞争力的大型旅游企业集团缺少;另一方面,中小旅游企业活力严重不足、创新乏力,旅游企业距离市场化、产业化、现代化、国际化目标尚有差距。

从旅游产品供给来看,我国旅游产品和业态丰富度不够,同质化严重。尽管近年来,旅游产品从单纯的观光型向观光和度假并举转变,但雷同的低水平旅游产品供过于求,如研学旅行、康体旅游、冰雪旅游等高水平新业态旅游产品有效供给不足的情

---

① 中国旅游研究院武汉分院.2019年中国旅游业发展报告.2019年12月.
② 薛枫.今年前三季度国内旅游人数达45.97亿人次同比增长8.8%[EB/OL].新华网,2019-12-24. http://www.xinhuanet.com/travel/2019-12/24/c_1125383290.htm.
③ 中央广电总台国际在线."一带一路"沿线已经成为世界旅游发展最具潜力的地区之一.2019年11月.

况仍很普遍；此外，对非遗、文博场馆等文化资源的旅游开发不够；对旅游文创商品的设计等方面的投入力度还亟待加强。

从旅游服务质量来看，当前旅游市场中存在的虚假宣传、强迫消费、安全卫生等问题在有些地区依然较为突出。①另据人民网旅游3·15投诉平台公布的数据显示，近年来旅游投诉集中在旅行社、导游、景区、酒店、航空五个领域，其中涉及在线旅游企业的投诉呈现上升趋势；投诉内容主要是旅游合同与行程不符、导游强迫购物、服务态度差、酒店与描述不符、默认搭售附加产品、机票不能退改签、退改签费用高、加价出票等问题。

（二）旅游公共服务供给主体单一，高质量旅游公共服务供给不足

进入大众旅游时代和全域旅游发展时期，没有高质量的旅游公共服务体系支撑和保障，就没有旅游目的地及旅游业的高质量发展。

从供给主体来看，旅游公共服务供给主体单一。当前我国旅游公共服务体系建设中由政府单一供给的现状很难适应旅游者旅行方式的变化。旅游活动越来越呈现出散客化、个性化的趋势，旅游者对旅游公共服务的需求则趋于多样化。因此需建立多元化供给机制，建立供给主体多元化的格局，着力解决旅游公共服务有效供给不足的结构性矛盾，尤其要努力满足中高端游客对旅游公共服务的需求。

从全域旅游主客共享来看，公共服务主客共享融合度不高。这主要体现在城乡公共服务与旅游公共服务的融合度不够。制约其融合发展的瓶颈主要在于"制度"的层面，产权的归属、管理的权限、利益的分配、成本的分摊等一系列问题没有很好地厘清。因此，在旅游公共服务体系的建设方面，要坚持"主客共享"的公共服务标准体系建设理念，既满足本地城乡居民日常公共服务的配套需求，又兼顾外来游客和旅游业发展的需要，保持公共服务体系的开放化、兼容化、共享化、高效化设置和利用。②

从信息化水平来看，旅游公共服务信息化水平较弱。旅游目的地公共服务涉及交通、城管、市容、公安、消防、卫生、医疗、环境、电信、邮政、互联网等众多部门，难度大、复杂性强。因此，需要以信息化的手段协调和融合各类管理与服务维度，以游客需求为中心，建立高水平的旅游公共服务系统。目前，我国信息技术发展迅速，但在旅游公共服务领域，新技术的运用还处于起步阶段，在"互联网+"时代下，推动

---

① 文化和旅游部市场管理司.关于实施旅游服务质量提升计划的指导意见（文旅市场发〔2019〕12号）[R].北京：文化和旅游部，2019-01-16.
② 邢丽涛.旅游公共服务建设有了"标尺"[N].中国旅游报，2019-01-15.

旅游与互联网相融合,着力推进旅游公共服务信息化水平,以信息技术推动旅游公共信息体系和旅游监管评估体系的建设,是未来努力的方向。

(三)旅游人才队伍建设滞后,高质量旅游人才供给不足

"十三五"旅游人才发展规划纲要明确提出,到2020年,旅游业直接就业人数达到3300万人。据文化和旅游部数据显示,2018年中国旅游业直接就业人数2826万人,可见,两年间,旅游直接从业人数需要增加474万人,旅游就业人才需求旺盛。但是旅游人才供给不能有效满足旅游业高质量发展需求。

从旅游教育人才培养来看,旅游人才供给数量和质量不足。根据课题组调研,目前开设旅游管理类专业的职业院校2000余所,每年招生规模约20余万人,开设专业主要以旅游管理、酒店管理为主,其他专业如旅行社经营与管理、景区经营与管理,特别是旅游新业态专业,开设院校不多且规模较小,无法满足旅游企业的人才需求。此外,旅游职业院校培养人才质量也与旅游企业人才需求有一定差距。

从旅游企业人才开发来看,旅游企业主要以中小企业为主,绝大部分是微利企业,再加上旅游人才流动性大,旅游企业在人才开发方面的投入不足,旅游人才队伍建设显得相对滞后,高质量旅游人才培养更为迫切。

从旅游业高质量发展需求来看,高水平的管理人才严重不足。目前面对文旅融合发展的新局面,市场的新变化,在旅游文创、文化演艺、智慧旅游、研学旅行等旅游新业态发展方面,无论是策划、运维还是营销、质管等领域的管理人才都很缺乏,加快旅游职业教育高水平管理人才的培养培训,迫在眉睫。

三、中国旅游业发展趋势

(一)文旅融合步伐加快

文旅互促,跨界融合在相当长的一段时间内,将是我国旅游业发展的主题。在"文旅融合"开局顺利的基础上,我国旅游业发展坚持"以文塑旅、以旅彰文"发展方向,推动文化和旅游融合发展迈入新阶段。可以预见,在"十四五"时期,长城、大运河、长征国家文化公园的建设,黄河文化保护与旅游开发,国家级文化生态保护区的旅游开发,旅游文化演艺产业的快速发展,非遗及其他民间文化艺术与旅游业的互动等,将成为文旅融合发展的重点和亮点,以国家文化产业和旅游产业融合发展示范区的建设为抓手,开创优秀文化产品和优质旅游产品持续涌现的新局面。此外,康体养老产业、体育健身产业、研学教育产业以及农业、工业等其他产业与旅游业的跨界融合也是市场的热点,对人才资源的需求大。

（二）全域旅游向纵深发展

习总书记指出"发展全域旅游路子是对的，要坚持走下去"。全域旅游是"路子"而不是"牌子"。一方面，全域旅游建设将与城乡建设更加密切的结合，无论是公共服务体系还是城乡风光面貌都将逐步走向统一规划，统筹设计，旅游业人才的社会责任、社区工作能力将进一步被重视。另一方面，随着全域旅游发展的深入，全域、全时、全景的观念将进一步得以落实。这些都将对产业发展和人才培养提出新要求。

（三）旅游新技术应用更加广泛

科技将为旅游业的发展插上腾飞的翅膀。"十四五"期间，中国旅游业将运用科技进步的力量，实现跨越式的智慧性发展。其一，在旅游者体验方面，通过植入声光电技术、AR/VR/MR等技术，实现场景体验的科技化。其二，旅游服务方面，借助科技的力量，可以整合包括微信公众平台、小程序、腾讯云、微信支付、人脸识别、AI、智慧零售在内的多项核心技术与能力，实现服务的便捷化。其三，旅游管理方面，借助于信息技术，快速获取旅游大量信息，开展大数据分析、市场动态的监控与预测，以及应急事故的研判和处理等，实现管理的智能化。科技的发展对旅游人才的综合素养和知识、能力提出了新要求，如何提升人才培养的"科技含量"，成为旅游职业教育不可回避的问题。

（四）旅游国际交流作用增强

旅游业在国际交往中可以起到"搭桥梁、交朋友、聚人心"的功能，在加强文明交流互鉴、提升文化走出去等方面发挥积极作用。"十四五"期间，中国旅游业将进一步打开国际交流的窗口，发挥互联互通的作用。一方面，发挥社会效益，服务大局，讲好中国故事，进一步宣传国家形象，树立文化自信。另一方面，发挥经济效益，开拓国际市场，促进经济发展。中国旅游业将进一步聚焦与"一带一路"国家文旅业的交流与互动，并实施"亚洲旅游促进计划"，积极提振入境旅游，关注重点文旅企业在国际市场的投资与运营，为旅游经济的持续健康发展助力。中国旅游业的发展将愈加开放，具有全球视野、国际交往能力、涉外服务能力的高水平涉外旅游人才的需求量将不断上升。

我国旅游业发展的现状，面临的问题和未来发展的趋势，对旅游职业教育人才的培养提出了新的要求。抓住机遇，直面挑战，契合需求，引领发展，是旅游职业教育担负的责任和使命。

第二章 需求侧调研：旅游企业人力资源状况

一、中国旅游企业发展概况

随着我国旅游业的迅猛发展，国内旅游产业规模持续扩大，旅游企业发展态势良好。一方面，2019年"文旅融合"顺利推进，同时，涉及全域旅游、休闲旅游、乡村旅游、旅游扶贫、景区门票、特色小镇高质量发展、旅游失信等多个领域的系列政策发布与出台，不断加快旅游业的转型升级、提质增效。除了旅行社、景区、星级酒店等传统旅游企业的数量持续增长以外（见表2-1），满足居民休闲旅游需求的新兴旅游市场如红色旅游景点景区、民宿都得到了较快发展。截至2018年底，国内民宿达到了66 405家[①]，比2016年增长了55.7%。另一方面，旅游信息技术的发展和消费者需求变化，不断推动旅游产业结构调整。2019年10月，国家发改委颁布的《产业结构调整指导目录（2019年本）》中明确鼓励两项旅游业的发展，包括：旅游商品、旅游纪念品、旅游装备设备，以及休闲、登山、滑雪、潜水、探险等各类户外活动用品开发与营销服务；文化旅游、健康旅游、乡村旅游、生态旅游、海洋旅游、森林旅游、草原旅游、工业旅游、体育旅游、红色旅游、民族风情游及其他旅游资源综合开发、基础设施建设及信息等服务。

旅游业发展态势的持续向好极大地拉动了就业，据统计，截至2018年底，全国旅游直接和间接就业达7991万人，比上年增加1万人，[②]占全国就业总人口的9.92%，旅游业就业岗位贡献稳居世界第一。旅游业转型升级及产业结构调整对旅游人才培养提出了新要求。

[①] 中国文化和旅游大数据研究院.2019中国大陆民宿业发展数据报告［R］.2019，11.
[②] 文化和旅游部财务司.2018年旅游市场基本情况［R］.北京：文化和旅游部，2019，12.

表 2-1　2018 年旅游企业数量及增长情况

（单位：家）

旅游企业类型	2018 年	2017 年	增长率
A 级景区	11 924	10 340	15.3%
旅行社	37 794①	29 717	27.2%
住宿和餐饮企业	46 872	45 664	2.6%
住宿业企业	20 614	19 780	4.2%
星级酒店	10 249	9566	7.1%

数据来源：《中国统计年鉴》（2019、2018）、《文化和旅游部关于 2019 年上半年全国旅行社统计调查报告》。

二、调研方案的设计与说明

（一）调研的目的及方法

为提高对中国旅游企业人力资源现状和需求调研的广度和深度，课题组通过问卷调研、现场访谈以及对主流招聘平台进行数据抓取等方法，深入了解：旅游企业的人力资源配置、招聘、培训及薪酬现状；旅游企业用工需求岗位；用工数量与质量需求；校企合作现状等。多维度调研为科学预测中国旅游业发展对人才的规模、规格需求奠定基础，为职业院校旅游类专业人才培养改革和旅游企业人力资源开发提供决策依据。

（二）调研的内容

根据本次调研目的，旅游企业的调研内容主要包括：①旅游企业的基本情况，包括企业规模、性质、所在地区、2018 年营业额等；②企业员工的人力资源基本情况，包括企业员工的编制数、学历结构、员工流失率、企业招聘渠道、企业招聘员工时关注的职业素养等；③旅游企业员工培训、考核和薪资情况，包括企业的人工成本、员工的平均月薪、员工的培训内容等；④企业的校企合作情况，包括是否与职业院校存在校企合作关系、是否建有订单班等；⑤旅游企业招聘需求旺盛的岗位、需要招聘的员工数量及素质要求；⑥旅游企业对院校人才培养的建议等。

此外，课题组在企业调研的基础上，通过梳理旅游企业的主要工作岗位，对 51job、智联招聘、58 同城、最佳东方等主流招聘平台进行数据抓取，获取企业招聘各个岗位的员工数量和素质要求。

---

① 文化和旅游部关于 2019 年上半年全国旅行社统计调查报告［R］.市场管理司，2019 年 10 月 21 日．

（三）调研样本

本次调研共分为三个部分：

（1）企业问卷调研：通过问卷星平台，在线采集问卷418份，其中有效问卷400份，有效问卷回收率达95.7%。

（2）企业现场访谈：对13个旅游企业人力资源负责人进行深入访谈，13个旅游企业覆盖景区、旅行社、星级酒店、民宿四种不同的企业类型，覆盖东、中、西部地区。

（3）主流招聘平台数据抓取：抓取四个主流招聘平台2019年1月至12月期间共计3218个景区、4556个旅行社和4889个酒店的员工招聘数据。

三、被调查企业基本情况

（一）旅游企业的类型及分布

本次调研线上问卷调查主要覆盖酒店、景区、线上线下旅行社、会展公司等旅游企业。被调研的400家旅游企业中，55.25%的企业为酒店，线上旅行社占比5.50%，线下旅行社占比12.00%，景区占比16.25%，会展公司占比5.75%（表2-2），此外还包括少量房车营地、民宿等旅游企业。其中，四星级或4A以上级别的企业占被调查样本总数的71.25%。具体到不同类型的旅游企业，四星级和五星级酒店占被调研酒店总数的82%，4A级和5A级景区占被调研景区的93.8%。从旅游企业类型来看，18%的酒店企业隶属于国际酒店集团，60%的景区、42%的酒店、13.3%的线上旅行社和24%的线下旅行社是国有企业，其他的为民营企业。

表2-2 被调研企业基本情况

企业基本情况	分类	数量（家）	比例
企业类型	酒店	221	55.25%
	线下旅行社	48	12.00%
	线上旅行社	22	5.50%
	景区	65	16.25%
	会展公司	23	5.75%
	其他	21	5.25%

续表

企业基本情况	分类	数量（家）	比例
企业等级	二星或2A以下	0	0%
	三星或3A	15	3.75%
	四星或4A	100	25.00%
	五星或5A	185	46.25%
	无等级	100	25.00%
企业注册资金	500万以下	90	22.50%
	500万~1000万	85	21.25%
	1000万~5000万	95	23.75%
	5000万以上	130	32.50%

从被调研企业分布来看，样本覆盖了全国华南、华北、华中、华东、西南、西北、东北等各个地区（图2-1），其中52.50%的企业位于华东地区，11.25%的企业位于西南地区，8.75%的企业位于华南地区，7.50%的企业位于西北地区，7.50%的企业位于华中地区，7.50%的企业位于华北地区，5.00%的企业位于东北地区。

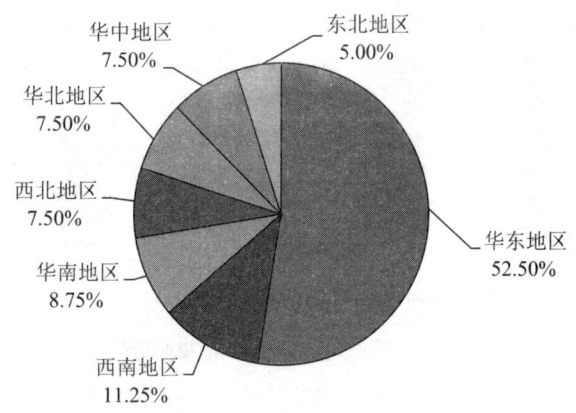

图2-1 被调查旅游企业地区分布

（二）旅游企业的经营情况

本次调查样本中，大多都是开业5年以上的成熟企业（图2-2）。其中，开业20年以上的企业占28.75%，开业10年至20年的企业占25%，5年至10年的企业占18.75%，开业3年以下的企业仅占11.25%。

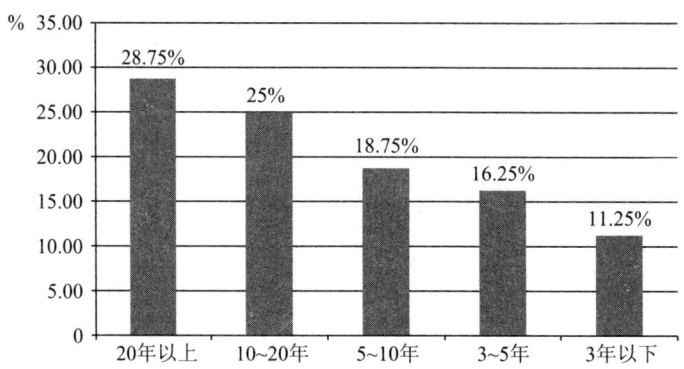

图 2-2 被调查企业开业年限

从企业经营情况来看（图 2-3），18.75% 的旅游企业 2018 年度营业额在 1000 万元以下，16.25% 的企业的营业额在 5000 万至 1 亿之间。年度营业额超过 1 亿的旅游企业约有 140 家，占被调查企业的 35%。其中酒店企业占 38.5%，上海欢乐谷、宋城景区、东方盐湖城等大型景区占 30.8%，其余均为旅行社。

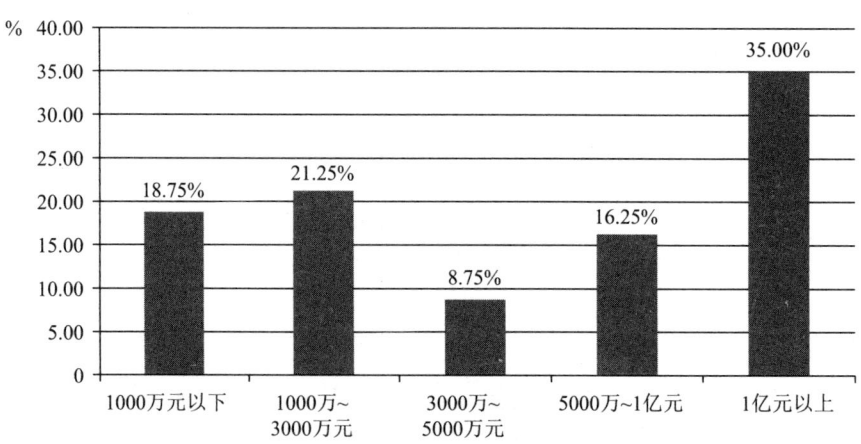

图 2-3 被调查企业 2018 年营业额情况

（三）旅游企业的员工配置情况

1. 旅游企业用工数量普遍较多

由于被调研的旅游企业多为大型酒店、旅行社和景区，30% 以上的旅游企业员工编制数量超过 500 人，52.5% 的旅游企业员工编制数在 100~500 人之间，只有 5% 的旅游企业员工编制人数在 30 人以下，且其中主要是民宿、会展公司等小型旅游企业（见图 2-4）。此外，除了编制内的员工，酒店企业在客房清扫等岗位会普遍采用劳务外包形式来弥补岗位用工需求。

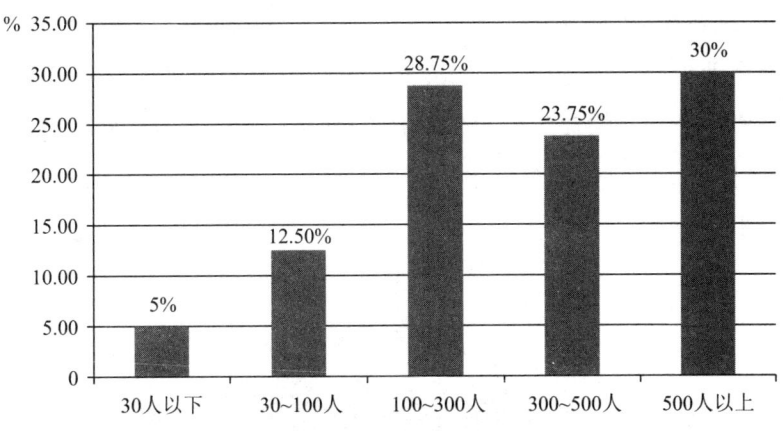

图 2-4　被调查企业的员工规模

2. 旅游企业员工高职学历层次占比较高

从员工学历结构看，58.75%的旅游企业中高职高专学历员工最多，仅有16.25%的企业中本科及以上学历员工最多，且这些企业大多为旅行社。25%的旅游企业中专及以下学历员工最多，大多集中于国有企业性质的酒店。

从高职学历员工在企业中的占比来看，会展和线上旅行社企业的高职高专员工平均比例较高，均超过40%。景区的高职高专学历员工平均占比较低，仅有28.44%。其他企业主要包括民宿和房车营地等类型，高职高专员工平均占比仅有18.8%（图2-5）。在访谈中，民宿企业也反映由于民宿产业的发展还不够成熟，员工的学历层次普遍偏低，也为我国民宿的服务品质提升带来困难。

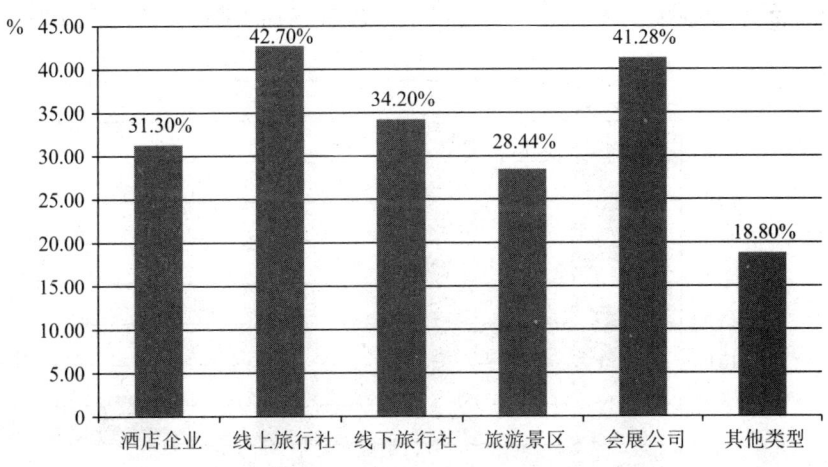

图 2-5　被调查企业的员工高职学历平均占比情况

3. 旅游企业组织架构呈现金字塔结构

从旅游企业的组织架构来看，32.50%的被调查企业的基层员工占70%以上，42.50%被调查企业的基层员工占60%~70%，符合一般企业的金字塔形组织架构（见图2-6）。仅有6.25%的被调查企业基层员工占比在50%以下，且其中主要是民宿、文化传播公司等中小旅游企业。

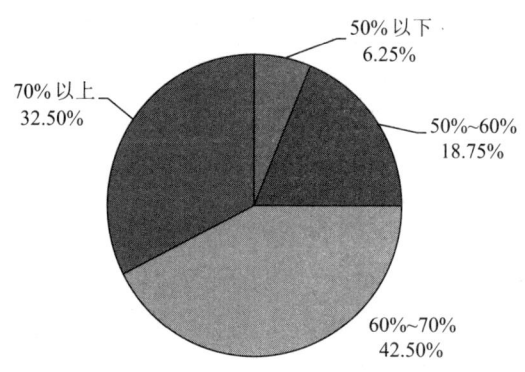

图2-6 被调查企业的基层员工占比

四、旅游企业人力资源的基本情况

（一）旅游企业员工流失情况

在企业员工流失方面，2019年，被调查企业员工流失率高于30%的旅游企业占抽样企业的6.25%，且均为酒店企业。37.5%的企业的员工流失率低于10%，其中43.3%为旅行社，30%为景区。56.25%的企业的员工流失率在10%~30%之间（图2-7）。

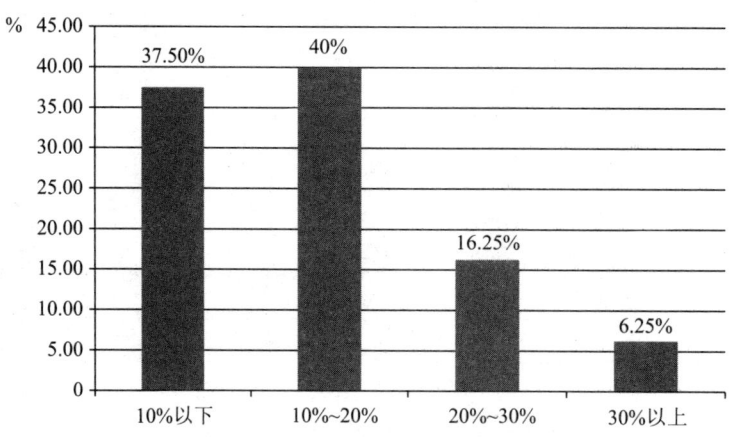

图2-7 被调查企业的员工流失率

在不同类型的旅游企业中，75%的景区员工流失率在10%以下，80%以上的旅行社员工流失率在20%以下，而70%的酒店的员工流失率超过了20%。因此，相比于旅行社和景区，酒店的员工流失率较高。

在地区分布方面，员工流失率高于20%的企业中，70%以上来自于东部地区，东部地区的旅游企业员工流失率明显高于中西部地区。这种现象一方面是由于东部旅游企业数量较多，发展更为迅速，引发了员工在企业间的流动；另一方面是由于旅游企业基层员工工资收入低，生活成本高，部分员工会选择返回家乡或者离开旅游行业。

从员工流失原因来看，工资待遇和职业压力是近年来旅游企业员工流失的主要原因，27.5%的员工离职原因是工作环境不佳，且其中60%以上是景区员工。25%的员工认为企业对员工的培训不尽如人意，10%的员工对企业的管理风格不能适应（图2-8）。在访谈中，酒店企业反映，随着酒店业的快速发展，新开酒店加剧了酒店企业中层管理人员的流动，为酒店的人力资源管理带来了困扰。

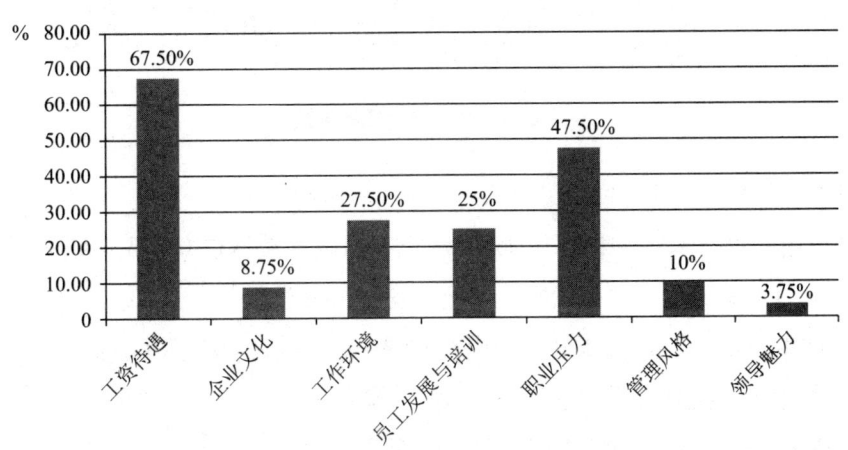

图2-8 旅游企业员工流失的原因

针对员工流失，75%和58.75%的旅游企业会通过培训和提高职位来为员工做好职业发展规划，72.5%的企业会采用薪酬留人的方式。此外，国际酒店集团一般会通过延续工龄、奖金等方式，鼓励离职员工在集团内流动。

员工流失率高一方面为企业人力资源管理带来困扰，一方面也为基层员工的职位提升带来更多机遇。从员工的职业发展速度来看，58.75%的旅游企业员工从基层岗位晋升至主管岗位的平均年限仅为2~3年，且其中70%以上的企业为酒店企业。10%的旅游企业基层员工晋升为主管需要5年以上的时间，其中大多为旅行社。

（二）旅游企业员工招聘与配置

1. 旅游企业招聘渠道

在旅游企业员工招聘方面，网络招聘（88.75%）和校园招聘（75%）是旅游企业最常用的招聘渠道，60%的企业会通过人才市场招聘，针对一些高端岗位，企业也会采用猎聘（16.59%）的方式来弥补员工空缺（图2-9）。

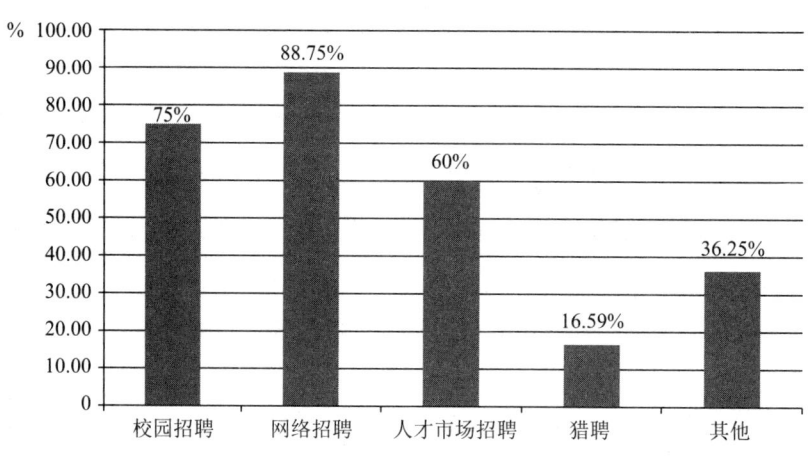

图2-9　企业员工招聘渠道

2. 旅游企业主要招聘岗位

通过采用爬虫技术对51job、智联招聘、58同城、最佳东方等主流招聘平台2019年1月—12月期间的数据进行抓取，课题组发现，旅游企业通过网络平台的招聘岗位达到1 029 794个，且招聘需求旺盛的岗位多集中于一线岗位。其中，旅行社招聘需求旺盛的岗位包括"旅游顾问""证照""导游""票务""旅游销售""计调"等；景区招聘需求旺盛的岗位包括"咨询服务""旅游产品销售"等；酒店招聘需求旺盛的岗位为"服务员""传菜员""礼宾""洗碗工""酒吧服务员""客房服务员""餐饮服务员"等（见表2-3）。并且，由于员工岗位编制较多、流失率高，酒店企业的员工招聘需求明显高于旅行社和景区，18%的酒店招聘岗位需求超过1万人，酒店传菜员的岗位需求超过了4万人，"咖啡师""茶艺师"需求岗位分别为13 401和10 383个。

表2-3　旅游企业需求旺盛的岗位

旅行社		景区		酒店	
岗位	需求数量（个）	岗位	需求数量（个）	岗位	需求数量（个）
旅游顾问	13 189	咨询服务	14 455	服务员	213 797
签证	11 967	旅游产品销售	9903	传菜员	48 583

续表

旅行社		景区		酒店	
岗位	需求数量（个）	岗位	需求数量（个）	岗位	需求数量（个）
导游	5437	票务	5110	迎宾/礼宾	30 233
旅游销售	4504	乐园运营	83	大堂经理	29 031
计调	3401			酒吧服务员	26 065
				前台	18 835
				客房服务员	17 074
				餐饮服务员	14 728
				咖啡师	13 401
				茶艺师	10 383

3. 旅游企业对员工的素质要求

根据旅游企业对各项指标的赋分值（5分表示非常重要，4分表示较重要，3分表示一般重要，2分表示不重要，1分表示很不重要），在企业招聘应届毕业生时，服务意识（4.64）、团队意识（4.46）、吃苦耐劳（4.4）是企业招聘员工时最重视的三个因素，职业技能证书（3.26）、专业对口（3.39）和毕业院校（3.41）则是企业认为相对最不重要的三个因素（图2-10）。此外，沟通协调能力（4.38）、抗压耐挫（4.31）、业务能力（4.24）、性格特征（4.16）四项指标的得分超过了平均值（3.93）。这些数据表明，相对于毕业生的专业、院校和职业资格证书等外在条件，企业更加关注学生的软技能。

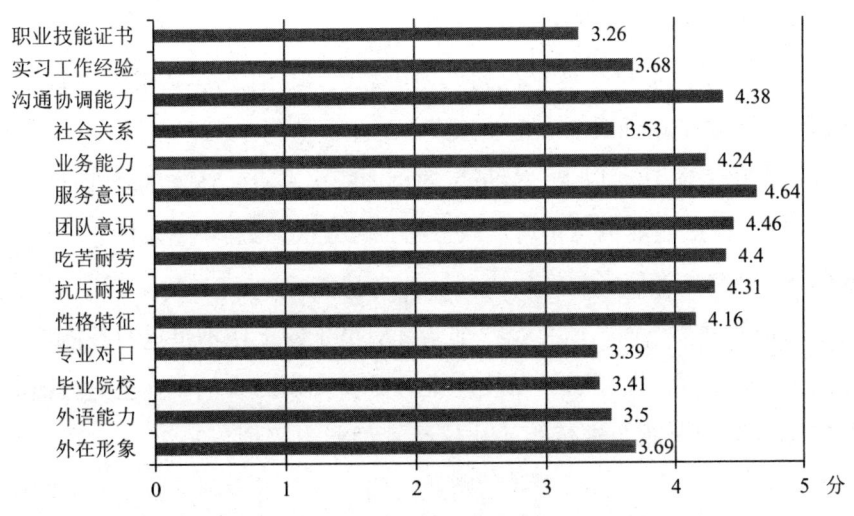

图2-10 企业招聘应届毕业生最看重的因素

企业在招聘基层管理人员时（企业赋分标准为：5分表示非常重要，4分表示较重要，3分表示一般重要，2分表示不重要，1分表示很不重要），职业道德（4.66）、忠诚度（4.6）、服务意识（4.59）被认为是最重要的三个因素，对学历层次（3.59）、外语能力（3.68）、国际化水平（3.69）三个方面的要求相对较低。思维与视野（4.51）、管理水平（4.49）、专业知识（4.38）、吃苦耐劳（4.34）和性格特征（4.31）等指标的得分值超过了平均值（4.26）（图2-11）。以上数据说明，员工职业道德始终是企业最为关注的因素，同时随着职位的提升，企业对员工的视野、管理能力和专业知识的要求也越来越高。

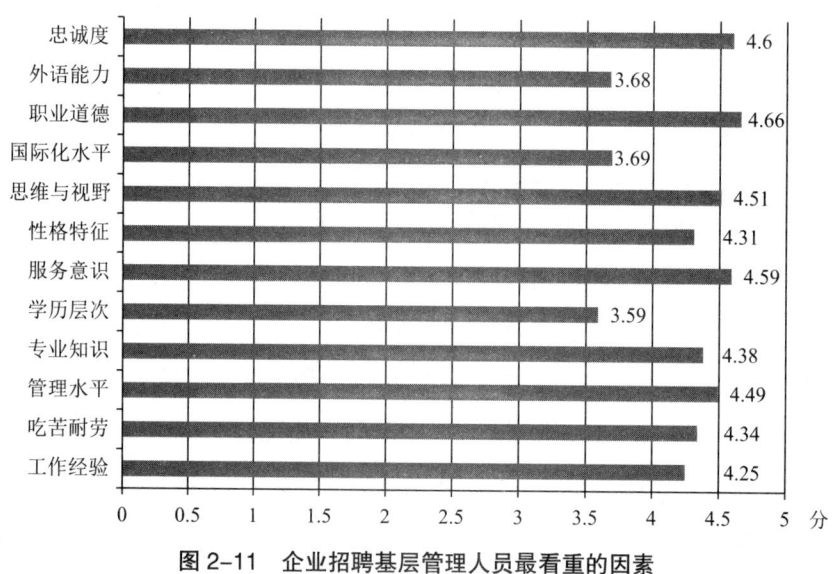

图2-11 企业招聘基层管理人员最看重的因素

（三）旅游企业员工培训、考核与薪资情况

1. 年度培训情况

员工培训是旅游企业越来越重视的人力资源管理工作内容。根据调研，2019年，70%的旅游企业的员工培训成本占企业总成本的比重达到5%以上，22.5%的旅游企业员工培训成本占比达到10%以上。从员工的培训频次来看，15%的企业员工年均培训超过20次，33.75%的企业员工年均培训达到10~20次，只有7.5%的企业员工年度培训在3次以下，且这些企业多为旅行社。

在员工培训的种类方面，所有企业都会针对员工的工作不足进行技能培训，并将培训纳入员工考核体系。基于对员工软技能的要求，81.25%的企业会进行团队协作能力培训，75%以上的企业会进行职业礼仪及管理能力培训，96.25%的旅游企业都会进行新员工入职培训，其内容一般包括企业文化、企业规章制度以及基本的服务规范（图2-12）。安全是企业经营的生命线，很多企业会定期举行员工消防安全培训。当一线员工发展至中层管理人员时,企业认为需要加强对员工的管理角色认知培训,提升员工的管理能力和领导力。此外,培训方式方面,98.75%的企业主要选择内部培训,65%的企业会邀请外聘教师进行培训。随着线上培训资源越来越丰富,55%的企业会选择在线培训的方式。

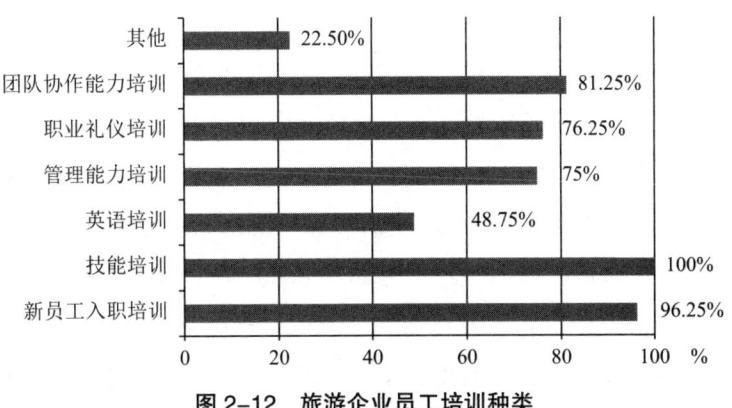

图2-12 旅游企业员工培训种类

2. 旅游企业员工工资水平

旅游企业员工的工资水平普遍较低。2018年,住宿和餐饮业就业人员平均工资以47 656元在所有行业中垫底。① 课题组抓取了北京、上海、广州、深圳、杭州等5个一线城市的旅游企业在四大主流招聘平台提供的工资数据,大多数岗位的月平均工资水平在4000元至6000元(图2-13)。

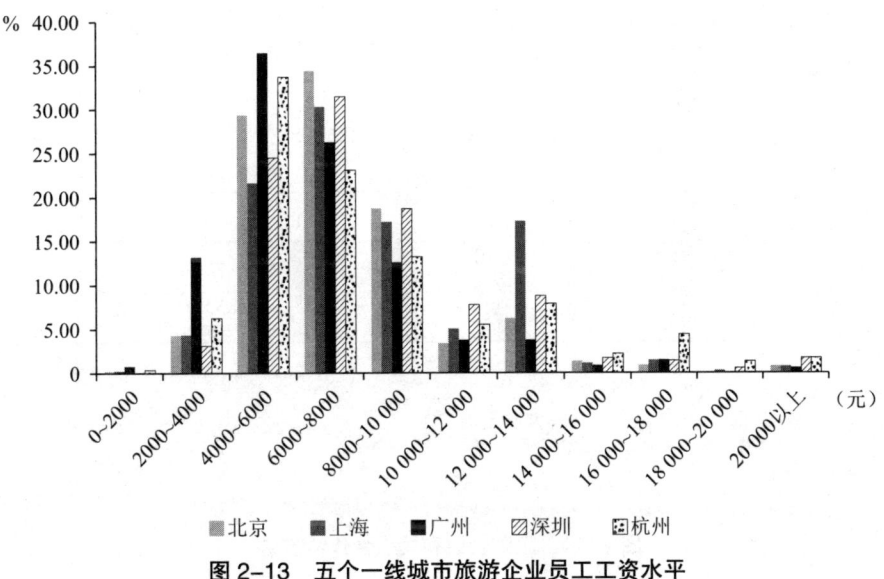

图2-13 五个一线城市旅游企业员工工资水平

---

① 数据来源:《中国统计年鉴》(2019)。

针对具体岗位,在被调查企业中,66.25%的企业人工成本占企业总成本的比重在20%~40%,26.25%的企业人工成本占比超过40%,7.5%的企业人工成本占比低于20%。企业一线员工的工资普遍偏低,22.5的企业一线员工的工资在3000元以下,且其中95%以上为酒店企业;只有13.75%的企业能够为一线员工提供5000元以上的月薪,其中90%以上为旅行社。63.75%的企业一线员工工资水平在3000元至5000元。

随着员工的职位越来越高,薪酬相应增加。55%的企业主管月薪在5000元以上,酒店企业的主管工资水平相对较低,被调查企业中16.25%的企业主管月薪在4000元以下,且都为酒店企业。27.5%的企业主管月薪达到6000元以上,其中90%以上为景区及旅行社。而企业部门经理的工资提升较快,28.75%的企业部门经理的月薪达到10 000元以上,65%的企业部门经理的月薪在5000元至10 000元,仅6.25%企业的部门经理月薪在5000元以下,其中90%以上是国有酒店企业。

(四)旅游企业校企合作及职业院校学生需求情况

1. 校企合作情况

校企合作是企业获得稳定员工储备的重要途径。被调研的旅游企业中,85%的企业和院校建立了稳定的合作关系,且其中88.24%的企业和2家以上的院校合作,22.06%的企业合作院校达到10家以上。但是从合作的方式来看,提供实习基地是最为普遍的合作方式,97.06%的企业和院校之间建立了实习合作,58.82%的企业与院校共建实习基地,仅有41.18%的企业与院校共享师资、制定人才培养方案,7.35%企业与院校共同开发教材(图2-14)。

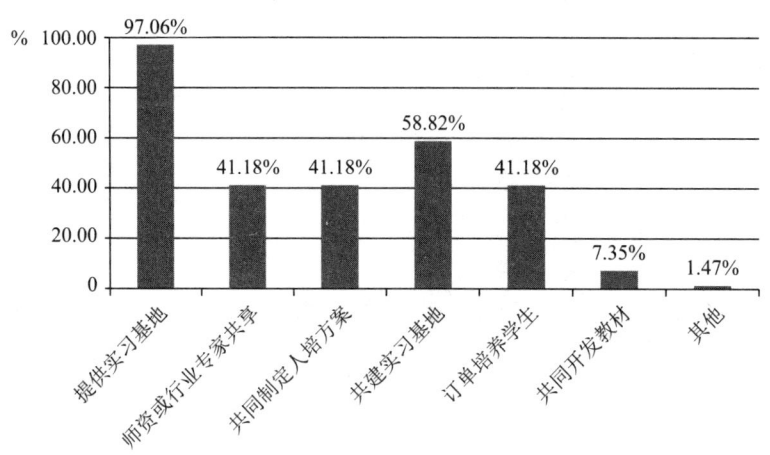

图2-14 旅游企业和院校合作的方式

被调查企业中,26.47%的企业与院校建立了订单班,其中50%的企业订单班人数在30人以下，仅有11.11%的企业订单班人数超过了50人。在访谈过程中，课程组了解到，中国国旅、万豪酒店集团、洲际酒店集团等大型的旅游企业都与院校开展了不同形式、不同深度的订单班合作。此外，很多实力较强的单体旅游企业也与当地院校开展了订单合作，但从订单班合作的深度来看，超过一半的校企合作订单班只停留在虚拟订单班层面，校企之间的交流以企业来校上课和提供实践岗位为主，订单班合作的效用还有待提高。在被调研的校企合作订单班中，38.89%的学生留用率都在20%以下，仅有11.11%的订单班学生留用率可以达到40%。

2. 企业对毕业生或实习生的需求

校园招聘是旅游企业获得人才的重要途径。被调研企业中，32.5%的企业从院校招聘了20个以上毕业生弥补岗位空缺，15%的企业每年从院校招聘毕业生10~15人，27.5%的企业年度招聘院校毕业生少于5人，主要集中于民宿等小型旅游企业。

专业需求方面，基于职业院校旅游管理专业学生培养的综合性，76.25%的企业会青睐旅游管理专业学生，65%的企业明确需要酒店管理专业学生，对导游、旅行社经营管理、休闲服务与管理、会展策划与管理专业学生提出需求的企业均在20%左右（图2-15），还有少量企业对英语专业毕业生提出需求。

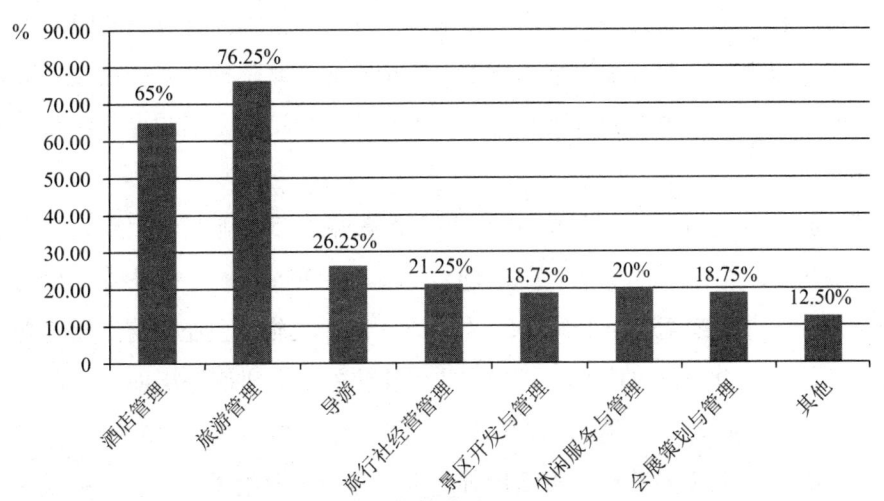

图2-15 旅游企业对院校毕业生的专业需求

五、调研结论

随着旅游信息技术的发展和消费者需求变化，旅游产业面临着结构调整和转型升级，对现代旅游人才需求提出了新的要求。课题组通过对旅游行业及企业的调研，发现我国旅游企业人才发展现状与需求主要呈现以下特征：

第一，旅游产业发展对旅游人才需求规模仍然较大。课题组调研结果显示，一方面，近两年我国各类旅游企业数量持续增长，对旅游人才的规模需求仍将保持上升趋势；另一方面，由于旅游企业基层员工工资偏低，旅游企业基层员工的流失率较高，尤其是在酒店行业，70%以上的酒店企业员工流失率超过了20%，因此每年的旅游企业基层岗位空缺数量非常可观。为填补岗位空缺，75%的旅游企业都将校园招聘作为主要招聘渠道。

第二，旅游产业发展对旅游人才结构提出新的要求。《"十三五"旅游业发展规划》明确提出，要大力实施"科教兴旅、人才强旅"战略，对接产业、服务发展。随着"互联网＋旅游""旅游＋"的发展，旅游企业的用人需求结构也在发展转变。课题组抓取的数据表明，除了对传统岗位需求持续旺盛之外，旅游企业对旅游产品开发、旅游营销、民宿从业人员、咖啡师和茶艺师等旅游专业技术人才的需求不断增加。

第三，旅游企业对旅游人才职业素质提出更高标准。调研发现，无论是旅行社、景区还是酒店企业，员工的职业道德、吃苦耐劳精神、企业忠诚度等道德品质是旅游企业在招聘和提拔员工时的首要评价指标。同时，相对于硬技能，企业更为重视员工的团队协作精神、沟通能力等软技能。80%以上的企业会加强对员工的团队协作能力的培训，70%以上的企业会重视培训员工的管理素养。对院校而言，在人才培养过程中要强化对学生的德育教育和劳动教育，完善专业人才培养方案和课程体系，确保人才培养标准与企业用人标准无缝对接。

第四，旅游企业和院校合作范围较广，但产教融合型企业数量偏少。职业教育培养的人才要面向产业、面向市场，重要核心之一就是"产教融合"，形成学校与企业一体的办学模式。课题组调研结果显示，尽管85%以上的旅游企业都与院校建立了校企合作关系，但校企合作仅仅停留实习合作或碎片化的企业讲座等层面，校企合作深度不够，对校企双方的效用不明显，企业参与教育的积极性也不足。2019年，《国家职业教育改革实施方案》正式颁布，明确将对产教融合型企业给予"金融＋财政＋土地＋信用"的组合式激励。旅游企业应充分借助政策优势，积极参与、举办高质量的职业教育，从单纯的用人单位向产教融合型企业转变，在人才培养、技术创新、就业创业、社会服务、文化传承等多方面开展校企深度合作。

第三章 供给侧调研：职业院校旅游类人才培养状况

一、中国旅游职业教育发展概况

随着旅游业的发展，我国职业院校旅游人才培养规模不断扩大。据全国旅游职业教育教学指导委员会提供的数据显示，2019 年，全国旅游类高职专业招生人数约 14.1 万人（不含餐饮类），中职旅游类专业招生人数约 10.2 万人（不含五年高职），职业院校旅游类专业共招生约 24.3 万人。2019 年高职旅游类专业招生排在前三位的是旅游管理、酒店管理、会展策划与管理专业。其中，高职旅游管理专业招生学校为 1046 所，招生人数为 71 820 人；酒店管理专业招生学校为 811 所，招生人数为 52 790 人；会展策划与管理专业招生学校为 165 所，招生人数为 8070 人。2019 年中职旅游服务类专业招生排在前三位的是旅游服务与管理、高星级饭店运营与管理、景区服务与管理专业。其中，旅游服务与管理专业招生人数为 72 008 人；高星级饭店运营与管理专业招生人数为 28 298 人，景区服务与管理专业招生人数为 456 人。

旅游类职业教育始终紧跟旅游行业发展变化。2019 年旅游类专业设置进行了调整。在教育部公布的 2019 年度的高职院校增补的 9 个专业中，旅游大类增补"研学旅行管理与服务"和"葡萄酒营销与服务"两个专业。在教育部公布的 2019 年度中等职业学校确定增补的 46 个新专业中，涉及旅游服务类专业 3 个，即康养休闲旅游服务、中西面点、茶艺与茶营销专业。

近年来国家高度重视职业教育的发展，在 2019 年 1 月发布的《国家职业教育改革实施方案》中明确提出：到 2022 年，职业院校教学条件基本达标；到 2022 年，建设 50 所高水平高等职业学校和 150 个骨干专业（群）。2019 年 10 月 25 日教育部、财政部公示了 197 个中国特色高水平高职学校和专业建设计划拟建设单位名单，共有 56 所高职学校入选高水平学校建设，141 所高职学校入选高水平专业群建设。其中海南经贸职业技术学院入选高水平高职学院（C 类），重点建设旅游管理专业群和国际经济与贸易专业群；浙江旅游职业院校导游专业群（B 类）、青岛酒店职业技术学院酒店管理专业群（C类）、长沙商贸旅游职业技术学院餐饮管理专业群（C类）、陕西职业技术学院旅游管理专业群（C类）入选高水平专业群建设。

可以预见，国家对旅游职业教育的新要求必将对旅游职业院校的办学模式、专业设置、人才培养、校企合作、师资建设等产生深远影响，促进旅游职业教育供给侧改革。

二、调研方案的设计与说明

（一）调研目的及方法

本次调研，旨在从供给侧角度分析职业教育培养旅游人才的现状。通过对我国职业院校的调研，了解职业院校旅游类专业开设的情况、专业发展情况、学生生源、学生存量、校企合作的情况以及院校对合作企业评价等问题，为职业院校旅游类专业的课程设置、人才培养模式改革提供最根本的依据，从而为科学论证和预测旅游产业发展对职业教育旅游类人才需求的规模和人才规格质量的要求奠定基础。

本次调研，主要采用对职业院校进行现场问卷调查、网络问卷调查、文献资料调查、个别交流等方式展开。

（二）调研内容

针对本次调查的目的，设计调查问题如下：①旅游类专业开设情况；②旅游类专业的在校生人数；③旅游类专业的生源；④2019年旅游类专业的招生具体情况；⑤2019年旅游类专业学生的就业情况；⑥职业院校人才培养模式；⑦与旅游类专业合作的企业情况，包括合作企业数量、类型、等级，合作方式，合作期限等；⑧旅游类专业订单班开设情况，包括具体专业、人数、企业留用率等；⑨顶岗实习情况，包括实习基地数量、顶岗实习时间、实习岗位、实习薪酬、招聘实习生的企业类型、实习留用率等；⑩院校认为，企业最看重的学生素养要素等。

（三）调研抽样

本次调研，关于职业教育的现状、院校情况等主要通过网络文献资料分析等方式展开调查。

院校调查对象包括高职院校和中职院校，其地域分布包含了华东、华南、华中、西北、西南、东北等地区，以保证地域上的全覆盖性。其中现场问卷发放67份，网络问卷发放64份，共涉及高职院校104所，中职院校27所，总计发放问卷131份，回收问卷111份，回收率达84.73%。

对于个别问题，如专业停招原因、企业实习薪酬等采取了个别交流的形式进行了解。

三、被调查学校基本情况

本次调查的学校以高职院校为主，中职院校为辅，这也符合当前旅游业中从业人员以大专学历为主的现状。本次调查共涉及职业院校111所，地域分布涉及江苏、山东、浙江、上海、安徽、山西、河北、广东、广西、海南、湖北、河南、江西、重庆、四川、黑龙江、甘肃、宁夏等地，基本覆盖了华东、华南、华中、西北、西南、东北等地区，地区分布较为全面，具体分布情况如图3-1。被调查的院校从性质来看，公办的旅游类高职院校占所有被调查学校的8.10%，其中包括一些以旅游职业命名的院校，如山东旅游职业学院、浙江旅游职业学院、南京旅游职业学院、郑州旅游职业学院；公办综合类高职院校占48.65%；民办综合类高职院校占20.75%；其他占22.50%，种类较为齐全。

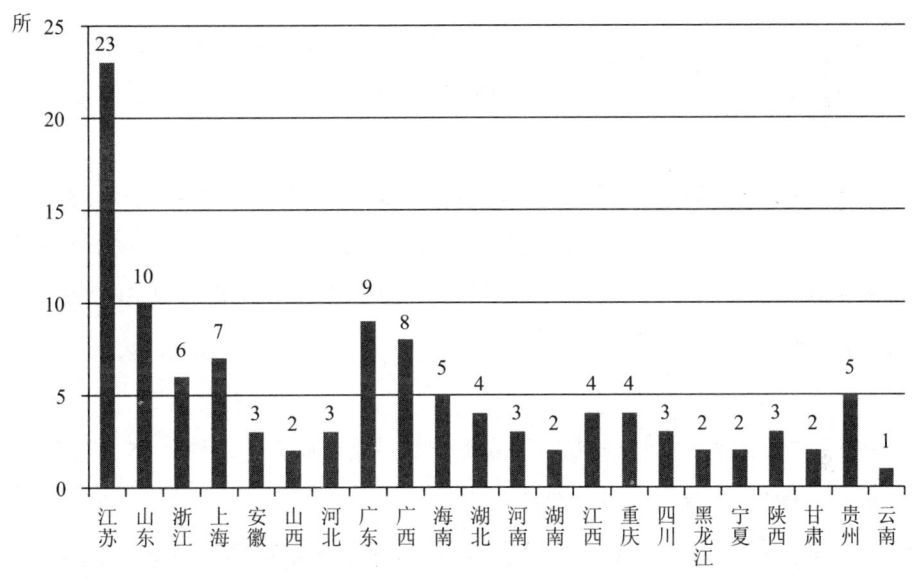

图3-1 调查院校地区分布情况

四、被调查学校人才培养的基本情况

（一）专业开设情况

在所调查的高职院校中，开设专业占前三位的是旅游管理（90.99%）、酒店管理（70.27%）、会展策划与管理（42.34%）。具体开设情况见图3-2。

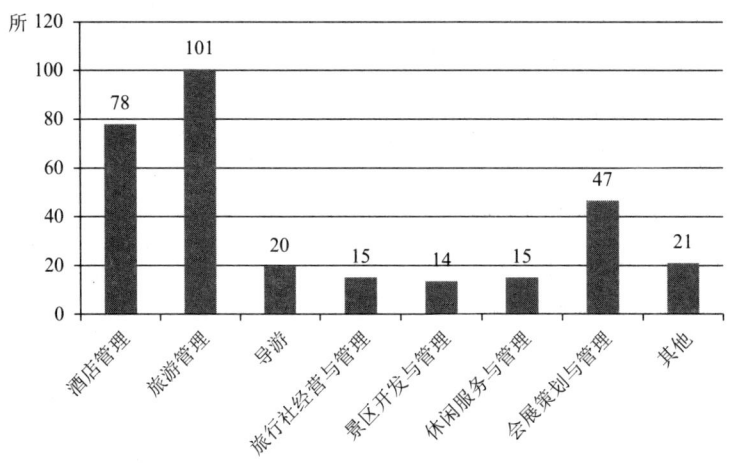

图 3-2 高职院校开设旅游类专业情况

与 2018 年数据相比较，开设数量居于前两位的专业没有变化，排名第三位的专业由导游变成了会展策划与管理。在"其他"一类的专业中，以旅游英语、旅游日语等语言类专业为最多。

在不同专业中，每个高职院校在专业建设投入方面各不相同，成效方面也存在显著差异。每类专业中已建成为省级及以上示范（或品牌/优势/特色）专业的占比情况如下：酒店管理专业 26.92%，旅游管理专业 31.34%，导游专业 30.77%，旅行社经营与管理 40%，景区开发与管理 11.11%，休闲服务与管理 20%，会展策划与管理 16.13% 等。

所调查的中职院校中，开设专业占前三位的是旅游服务与管理（45.47%）、酒店服务与管理（30.80%）、导游服务（25.00%）。

此外，在所调查的院校中，2019 年开设了新的旅游类专业的学校数量占总数的 27.92%，涉及的新开设的旅游类专业主要集中在酒店管理（含酒店服务与管理）、中餐烹饪、西餐烹饪、旅游管理（含旅游服务与管理）等专业。

（二）学生存量和当年招生人数（按专业招生）

1. 在校生人数

在被调查的院校中，大多数学校旅游类专业在校学生人数位于 100~1000 人的区间段中。其中，100~300 人区间段的学校占 21.62%，300~500 人区间段的学校占 18.92%，500~1000 人区间段学校占 25.68%。在校人数位于 500~1000 人区间段的院校多位于江苏、浙江、广东、广西、上海、海南等旅游资源较为发达的地区。在校生人数位于 2000 人以上区间段的，大部分为旅游类专门院校，如南京旅游职业学院、山东旅游职业学院、浙江旅游职业学院、太原旅游职业学院、郑州旅游职业学院等。具体情况见图3-3。

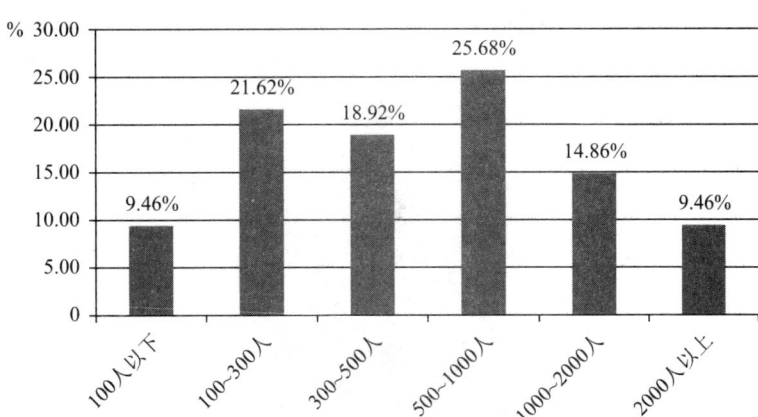

图3-3 职业院校旅游类专业在校生人数情况

2. 各专业学生存量

调查发现，在旅游类所有专业中，52.70%的职业院校旅游管理专业（含旅游服务与管理专业）的在校生人数最多，该专业学生存量最多的达1047人；25.54%的职业院校酒店管理专业（含酒店服务与管理专业）的在校生人数最多，该专业学生存量最多的达1995人；4.05%的职业院校会展策划与管理专业的在校生人数最多；2.70%的院校在校生人数最多的是旅游大类中的其他专业，如餐饮类专业等。与去年的数据相比可以看出，导游、旅行社经营与管理等专业学生人数在减少。具体情况见图3-4。

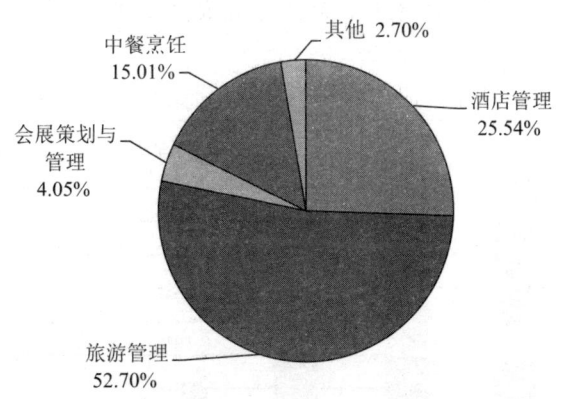

图3-4 各院校关于在校人数最多的旅游类专业情况

3. 生源地情况

在对职业院校旅游类专业生源情况进行调查的过程中，我们发现，55.41%的院校主要生源来自于本省，9.46%的院校主要生源来自于周边省份，35.13%的院校主要生源覆盖全国各个省份。这种生源构成情况主要与大多数职业院校在人才培养的定位上，立足本地，主要为本地输送旅游人才有关。具体情况见图3-5。

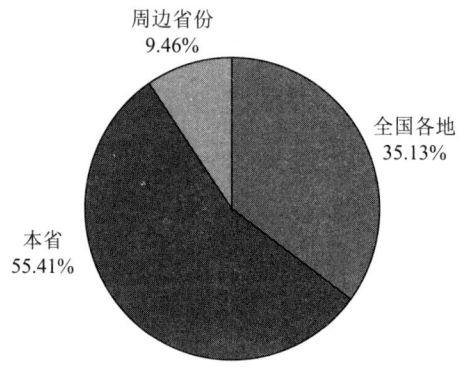

图3-5　各院校旅游类专业主要生源情况

4. 2019年招生情况

2019年，职业院校从常规的招生途径（即从初中、高中经过升学考试后的学生中录取）录取的情况来看，招生规模在100~300人区间段的学校数量最多，占39.19%，其次是在招生规模在100人以下的，占36.49%。其余区间段的比例都较小，在300~500人区间段的占10.81%，在500~1000人区间段的占8.10%，在1000~2000人区间段的占2.70%，在2000人以上区间段的占2.70%。具体情况见图3-6。与2018年旅游类专业招生规模情况相比，2019年，招生规模在100人以下，以及100~300人区间段的学校数量比例有较为明显的上升，而招生规模在2000人以上区间段的学校数量比例也有显著下降。

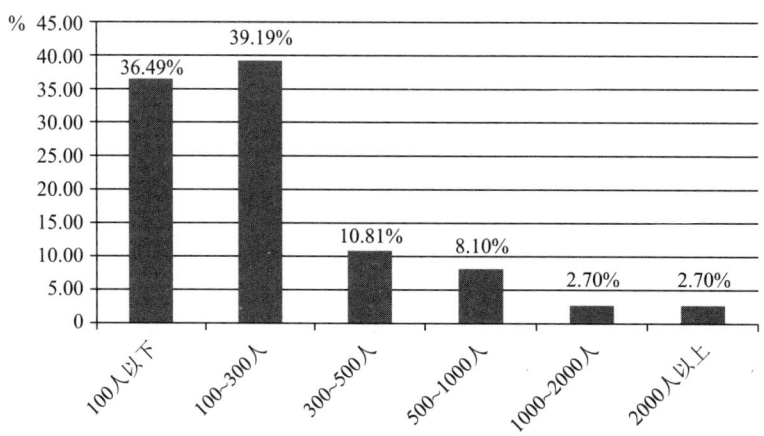

图3-6　2019年旅游类专业招生规模各区间段院校占比情况

2019年，在所有旅游类专业的招生中，旅游管理专业（含旅游服务与管理专业）为招生人数最多的专业的职业院校占比最高，达45.95%；酒店管理专业（含酒店服务与管理专业）为招生人数最多的专业的职业院校居于其次，达39.19%，此外，会展策划与管理专业为招生人数最多专业的职业院校占6.76%。这说明，旅游管理专业（含旅游服务与管理专业）、酒店管理专业（含酒店服务与管理专业）作为传统的两大旅游类专业，在很多职业院校中发展态势良好，招生规模较为稳定。

在所调查的院校中，2019年有个别院校在一些专业上有停招现象，涉及的专业有景区开发与管理、休闲服务与管理等。通过与院校专业负责人交流发现，专业停招一方面是由于行业需求变化，学生实习就业有困难；另一方面是因为师资力量的短缺，尤其是休闲服务与管理，当前该专业的师资极为紧缺。

此外，2019年3月5日，李克强总理所作的政府工作报告中明确提到，要改革完善高职院校考试招生办法，鼓励更多应届高中毕业生和退役军人、下岗职工、农民工等报考，今年大规模扩招100万人。可见，从整个国家的宏观大局出发，职业教育正被纳入更广阔的政策视野。根据这一扩招政策，平均每个高职院校将增加招生700人左右，这对高职院校的分类招生方式、管理方式、人才培养模式等都提出了挑战。

（三）学生就业情况

从学生的就业情况来看，2018年，以旅游管理专业（含旅游服务与管理专业）为最高就业率专业的职业院校占39.19%，其就业率在90.21%~100%，对口率大约为65%左右；以酒店管理专业（含酒店服务与管理专业）为最高就业率专业的职业院校占24.32%，其就业率在97.94%~100%，对口率大约为85%。其余，还有12.16%的职业院校以会展策划与管理专业的就业率为最高，10.81%的职业院校以导游专业的就业率为最高。

（四）中外合作办学

在中外合作办学方面，只有29.03%的院校表示学校开设了旅游类的中外合作专业，且多以酒店管理专业为主。同时，只有16.13%的院校表示学校招收了旅游类专业的境外留学生。这一数据说明，目前，职业院校中旅游类专业开展中外合作办学的比例并不高。在已有合作办学形式的院校中，多数院校以单向的将学生输出至境外对方院校进修、实习为主。

（五）合作企业情况

为了提高专业教师和学生的实战能力，彰显职业院校的特色，绝大多数职业院校都会选择和企业进行合作。其中涌现出很多成功的案例,当然也存在一些问题和困难。

1. 合作专业及合作企业数量类型

在旅游类的专业中,酒店管理(含酒店服务与管理)、旅游管理(含旅游服务与管理)、导游(含导游服务)、会展策划与管理(含会展服务与管理)、中餐烹饪、西餐烹饪、景区开发与管理(含景区服务与管理)专业是与旅游企业合作最为紧密的几大专业。进一步调查发现,合作企业的类型也是涉及多种业态的,其中合作最多的是酒店,且绝大多数都为四星或四星以上层次的酒店。其次是线下旅行社、景区、会展公司、线上旅行社等。这些旅游企业在旺季巨大的人才需求缺口,为旅游类专业的学生实践提供了很好的契机。

在合作企业的数量上,专业合作企业的数量在6~10家左右的职业院校占36.47%,专业合作企业数量在5家以下的职业院校占32.43%,专业合作企业数量在20家以上的职业院校占18.92%。其中,专业合作企业数量在20家以上的院校多为旅游类专门院校或者综合实力较强的职业院校,如南京旅游职业学院、浙江旅游职业学院、重庆旅游职业学院、宁波城市职业学院、金华职业学院等。

2. 合作方式

在校企合作的方式上,目前主要有顶岗实习、师资或行业专家共享、共商人才培养方案、共建实习基地、共同开发教材、订单培养学生等。本次调查发现,90.23%的院校采取了"顶岗实习"的形式,36.49%的院校采取了"共商人才培养方案"的形式,35.14%的院校采取了"共建实习基地"的形式,29.73%的院校采取了"师资或行业专家共享"的形式。

此外,订单班的开设也是目前酒店管理(含酒店服务与管理)、中餐烹饪等专业与企业合作的一种形式。本次调查中,约45.16%的院校采取了该合作方式。订单班的人数大多维持在30~100人之间。酒店管理(含酒店服务与管理)专业的订单班留用率较高,达60%。这种合作使学生可以提前熟悉企业文化和工作流程,大大缩短其进入企业以后的适应期,因此也颇受旅游企业的青睐。具体情况见图3-7。

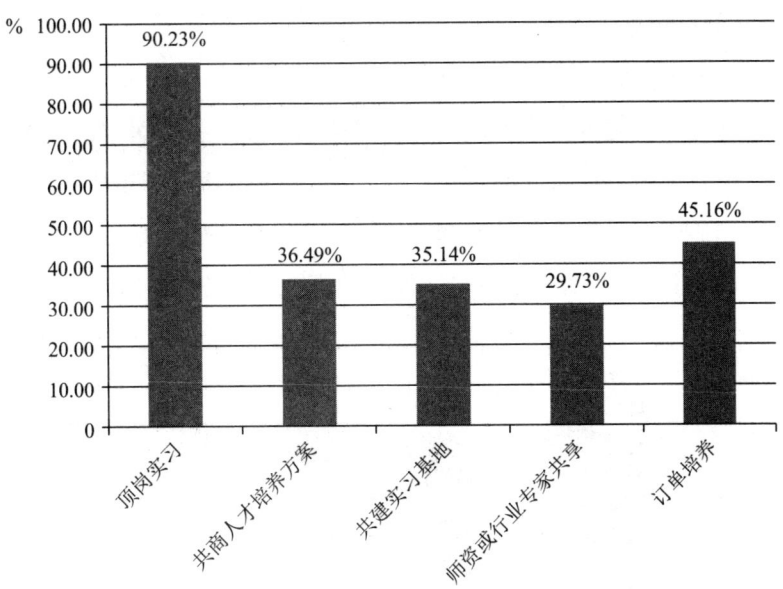

图 3-7　旅游类专业校企合作方式

3. 顶岗实习时间

根据调查发现，54.84%的职业院校采取了 2+1 的人才培养模式，即两年的院校学习，加上一年的企业顶岗实习。34.93%的职业院校采取了 2.5+0.5 的人才培养模式，即两年半的院校学习，加上半年的企业顶岗实习。具体情况见图 3-8。与去年情况相比，当前，选择 2.5+0.5 的人才培养模式的院校正在逐步增多，这一变化与《国家职业教育改革实施方案》出台密切相关。文件指出，职业院校实践性教学课时原则上占总课时一半以上，顶岗实习时间一般为 6 个月。

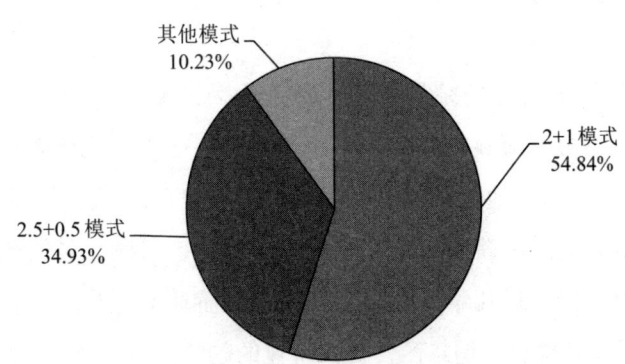

图 3-8　各院校关于人才培养模式选择情况

（六）学校对合作企业评价

1. 毕业生初次就业岗位

据调查数据显示，旅游企业提供的就业岗位以一线业务岗居多，其次是一线技术岗，再次是基层管理岗。具体见图3-9。其中，一线业务岗的岗位集中于餐厅服务员、客房服务员、酒店引导员、旅行社计调等；一线技术岗主要是导游、景区讲解员、厨师等；基层管理岗主要集中在酒店文员、酒店领班、旅行社门店店长。

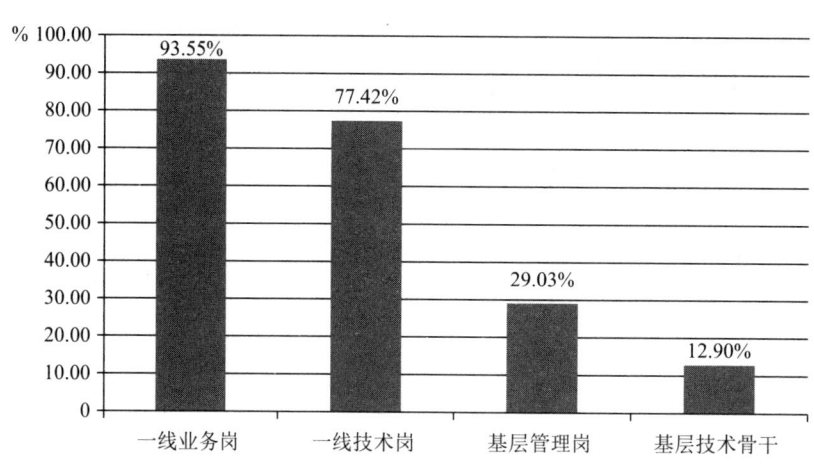

图3-9 旅游类企业提供初次就业岗位图

2. 2019年招聘毕业生人数

旅游企业招聘毕业生人数最多的专业集中在三个方向：酒店管理（含酒店服务与管理）、旅游管理（含旅游服务与管理）、中餐烹饪。而这几类专业也是招生人数较多的几个专业。这说明，这几种类型的人才市场供需基本趋向一致。

3. 企业实习薪酬

通过调查发现，38.71%的院校表示，企业实习薪酬在2000元/月以上；25.81%的院校表示，企业实习薪酬在1800~2000元/月；19.35%的院校表示，企业实习薪酬在1500~1800元/月。与其他专业的实习薪酬相比，处于中等水平。与部分实习学生进行交流发现，旅游企业之间薪酬水平差距也较为明显，景区、餐饮企业相对实习薪酬较高，旅行社相对较低。近几年一些旅行社研学旅游业务逐步扩大，人员缺口大，所以有些旅行社实习薪酬也有赶超景区、餐饮行业的趋势。

4. 企业对毕业生的要求

企业对于最为看重的毕业生的素质和能力，看法较为一致，排于前五位的素质和能力有：职业道德、服务意识、吃苦耐劳、忠诚度、思维与视野。这一结果与2018年的调查结果基本一致。对企业而言，相比于专业知识和技能，企业更为看重学生的品质及服务意识等，一些院校在旅游人才培养方案中，已经设置了比如养成教育的课程，以培养学生的服务意识。今后，这一问题也会引起更多院校的关注。

五、调研结论

课题组通过本次调研，在职业院校旅游人才供给方面呈现以下特点：

第一，专业改革创新力度不足，专业师资力量薄弱，师资队伍亟待加强。调查发现，在2019年开设了新的旅游类专业的学校数量占总数的27.92%，这一定程度上也反映了职业院校在专业设置上创新力度的不足。与2018年相比，旅行社、景区的专业招生有所下降。还有一些学校如景区开发与管理、休闲服务与管理，出现了生源萎缩或停招的现象。通过深入调研发现，招生萎缩和停招的原因，一方面是因为行业需求的变化，社会专业认可度下滑；另一方面是专业改革创新没有及时跟上，专业定位不清晰，专业师资力量薄弱。而新业态专业开设少的主要原因是师资力量匮乏，很多院校的旅游类专业师资配备较为紧张。50%以上的旅游类专业的生师比超过了30∶1，且仅有23%的院校旅游类专业双师型教师比重在80%以上。因此，关注旅游行业变化，加大专业改革创新力度，加强师资队伍建设，是旅游职业院校高水平专业群建设的重中之重。

第二，会展行业前景看好，行业人才需求量大。与2018年数据相比较，旅游类专业开设数量居于前两位的专业没有变化，排名第三位的专业由导游变成了会展策划与管理。此外，在所有旅游类专业的招生中，会展策划与管理专业为招生人数最多专业的职业院校占6.76%，这说明社会对该专业充满信心。今后，旅游职业院校应加强与会展企业的沟通交流，壮大会展师资力量，打造强有力的实践体系，力争该专业能够为会展行业输送更多的人才。

第三，服务意识备受关注，企业重才更重德。调查发现，旅游企业最为看重学生的职业道德及服务意识等。所谓优质服务就是以客人为核心，以质量和效益为保障，为每位客人提供准确、及时、完善、周到的服务。这种优质服务理念正是服务意识的核心。丰富的知识内涵，娴熟的服务技能、技巧，良好的道德修养，优雅的行为举止，这些都是优质服务的基础。所以，良好的职业道德和服务意识是提高综合素质的前提。这要求职业院校今后在旅游人才培养的过程中，应加强对职业道德和服务意识的培养。

第四，中外合作办学比例偏低，专业国际化程度有待加强。调查发现，职业院校的中外合作办学比例仅为29.03%，且主要以学生单向输出至境外学校研修、实习为合作形式，职业院校旅游人才培养的国际化广度及深度都亟待加强。

第四章 职业教育旅游类人才需求规模预测与分析

一、人才需求规模现状分析

(一) 旅游产业持续增长，人才需求旺盛

随着全面建成小康社会持续推进，旅游已经成为人民群众日常生活的重要组成部分，我国旅游业进入大众旅游时代。图4-1展示了2010年至2018年我国每年的旅游总收入（左轴）和旅游总人数（右轴）的情况。可以看出，近年来，我国旅游总收入和旅游总人数是持续增长的。原国家旅游局发布的《"十三五"旅游人才发展规划纲要》中明确指出：到2020年，全国旅游业直接就业人数将达3300万人。[①] 据此，2019、2020两年，旅游直接从业人数将增加474万人。此外，课题组通过从专业招聘网站"51job""智联招聘""58同城""最佳东方"上抓取的数据来看，2019年全国旅游类相关企业在四大招聘网站共发布招聘岗位1 029 794个，可以看出，我国旅游人才市场需求旺盛。

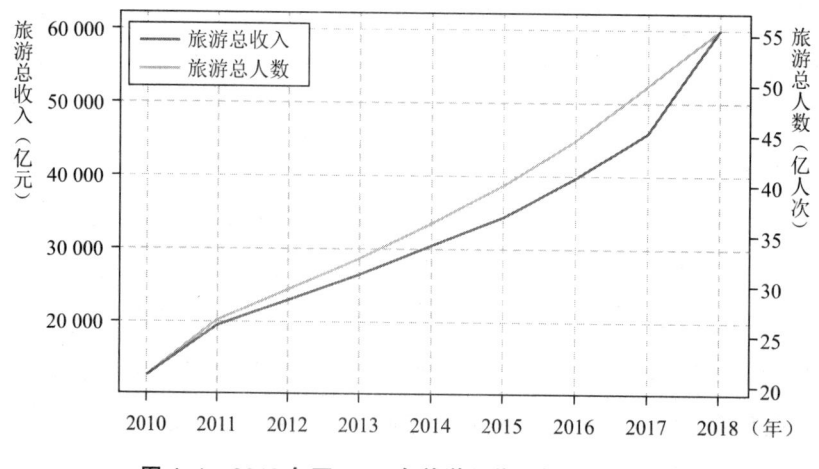

图4-1 2010年至2018年旅游总收入与旅游总人数

---

① "十三五"旅游人才发展规划纲要.国家旅游局.2017-6-27.

（二）旅游新业态发展态势好，人才供给不足

根据中国旅游研究院发布《2018旅游经济运行盘点系列报告：旅游产业》的报告，2018年各季度旅游产业景气指数分别为125.5、120.0、121.4和120.35，比去年同期下降，但仍然在"较为景气"区间运行。从分行业景气指数来看，旅游景区、旅游住宿和旅游新业态明显好于旅游集团和传统旅行社（如图4-2所示），从产业要素和发展动能来看，从业人员、固定资产投资也仍然保持增长趋势。

另据中国旅游研究院发布《"五一"出游季，文旅休闲时》数据显示：2019年五一期间，亲子游更青睐各类博物馆、文化古迹、非遗内容，跟着书本去旅行、寓教于游是热门，该类景区亲子家庭、90后等人次，同比去年增长约33%；夜间旅游消费旺盛，2019年"五一"，游客夜间消费金额占到全天的29.92%，夜间旅游已成为游客感知当地文化、体验当地生活方式的重要渠道；2019年"五一"期间，参观博物馆、美术馆、图书馆、科技馆和历史文化街区的游客比例分别达44.5%、30.4%、32.4%、36.4%和30.0%，全网主题公园、人文景观和博物馆类景区在线购票分别同比增长28.1%、25.2%和18.1%。可见，文化体验游、乡村民宿游、休闲度假游、研学知识游等旅游新业态发展势头好，而目前职业院校旅游人才培养主要集中于酒店管理、旅游管理等传统专业，旅游新业态人才供给不足，旅游人才供需结构性矛盾仍然突出。

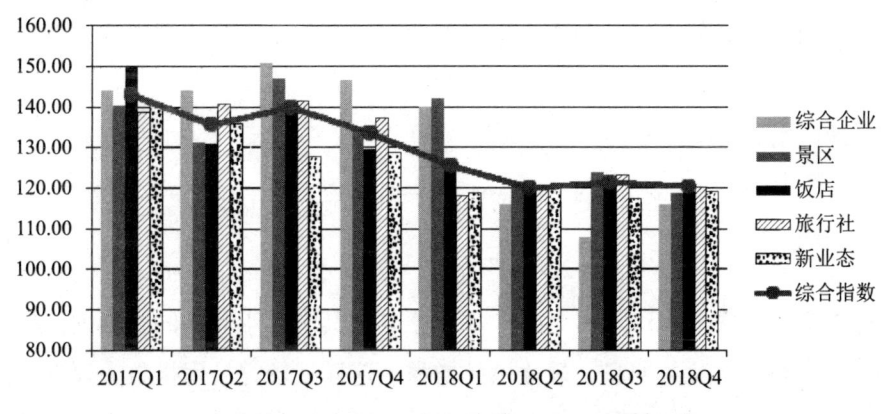

图4-2 2017-2018年全国旅游产业景气指数[①]

二、需求规模预测理论模型、计算工具及数据来源

（一）灰色预测GM(1,1)模型

本次预测，采用的第一种模型是灰色系统模型。所谓灰色系统，是指既含有已知

---

① 文化和旅游部数据中心发布《2018旅游经济运行盘点系列报告：旅游产业》，2019年1月8日.

信息，又含有未知信息的系统（邓聚龙，1986）。由于它具有所需因素少，模型简单，运算方便，预测精度高等优点，可以较好地对非线性系统进行预测。在旅游人才需求的预测系统中，人才总数、结构等信息是已知的，但也受外界诸如：政治、经济、文化、科技、自然灾害等因素的影响，存在很大的不确定性，非常符合灰色系统的特点，所以可以用灰色系统理论对旅游人才需求进行预测。

灰色系统常用的预测模型是 GM(1,1) 模型，GM(1,1) 模型表示一阶的、单变量的线性动态预测模型，其预测原理是将离散的随机数，经过生成变成随机性被显著削弱的较有规律的生成数，在此基础上建立数学模型，建模步骤如下：

1. 历史数据的采集和累加序列的生成

设研究对象的历史数据为：

$$X^{(0)}=\{X^{(0)}(1), X^{(0)}(2), X^{(0)}(3), \cdots, X^{(0)}(n)\}$$

一般情况下，对于给定的原始数据列不能直接用于建模，因为这些数据多为随机的、无规律的，为了减弱原始数据序列的波动性和随机性，需对原始序列进行数据处理，即通过累加生成方式将原始数据列转化为规律性较强的递增数列，累加的规则是：将原始序列的第一个数据作为生成列的第一个数据，将原始序列的第二个数据加到原始序列的第一个数据上，其和作为生成列的第二个数据，将原始序列的第三个数据加到生成列的第二个数据上，其和作为生成列的第三个数据，按此规则进行下去，便可得到生成列。

设累加后生成的序列为：

$$X^{(1)}=\{X^{(1)}(1), X^{(1)}(2), X^{(1)}(3), \cdots, X^{(1)}(n)\}$$

$$X^{(m)}(k)=\sum_{i=1}^{k} X^{(m-1)}(i)$$

上标 1 表示一次累加，同理，可作 m 次累加：其中对于非负的数据列，累加的次数越多，则随机性弱化越明显，规律性越增强，这样就较容易用指数去逼近。经过这样的数据处理能达到两个目的：一是弱化了原始数据列的随机性，而找到了其变化的规律性；二是为建立动态模型提供了中间信息。

累减，就是将原始序列前后两个数据相减得到累减生成列。累减是累加的逆运算，累减可将累加生成列还原为非生成列，在建模中获得增量信息。

一次累减的公式为：

$$X^{(1)}(k) = X^{(0)}(k) - X^{(0)}(k-1)$$

2. 构建 GM(1,1) 模型

在第 1 步中已经生成了 $X^{(0)}$ 和 $X^{(1)}$ 序列，则 GM(1,1) 模型相应的微分方程为：

$$\frac{dX^{(1)}}{dt} + aX^{(1)} = \mu$$

其中：a 称为发展灰数；μ 称为内生控制灰数。

设 $\hat{a}$ 为待估参数向量，

$$\hat{a} = \begin{pmatrix} a \\ \mu \end{pmatrix}$$

$$\hat{a} = (B^T B)^{-1} B^T Y_n$$

根据最小二乘法有：

$$B = \begin{bmatrix} -\frac{1}{2}(X^{(1)}(1)+X^{(1)}(2)) & 1 \\ -\frac{1}{2}(X^{(1)}(2)+X^{(1)}(3)) & 1 \\ \vdots & \vdots \\ -\frac{1}{2}(X^{(1)}(n-1)+X^{(1)}(n)) & 1 \end{bmatrix}, Y_n = \begin{bmatrix} X^{(0)}(2) \\ X^{(0)}(3) \\ \vdots \\ X^{(0)}(n) \end{bmatrix}$$

求解微分方程，即可得预测模型：

$$\hat{X}^{(1)}(k+1) = \left[X^{(0)}(1) - \frac{\mu}{a} \right] e^{-ak} + \frac{\mu}{a} \quad k=0,1,2,\cdots,n$$

3. 编制计算软件

课题组采用的 Python 语言编写计算程序来实现整个 GM(1,1) 模型计算过程，并用这一程序进行旅游人才需求的预测。

4. 误差检验

本课题采用后验差检验法评判模型的精度。后验差是对残差分布的统计特性进行精度检验，考察残差较小的点出现的概率，以及与残差方差有关的指标的大小，该检验法由后验差比值 C 和小误差概率 P 来共同描述。

设 $X^{(0)}$ 为原始序列，$\bar{X}^{(0)}$ 为相应的模拟序列，$\varepsilon^{(0)}$ 为残差序列，$\bar{X} = \frac{1}{n}\sum_{k=1}^{n} X^0(k)$ 和 $S_1^2 = \frac{1}{n}\sum_{k=1}^{n}(X^0(k)-\bar{X})^2$ 分别是 $X^{(0)}$ 的均值和方差，$\bar{\varepsilon} = \frac{1}{n}\sum_{k=1}^{n}\varepsilon(k)$ 和 $S_2^2 = \frac{1}{n}\sum_{k=1}^{n}(\varepsilon(k)-\bar{\varepsilon})^2$ 分别为残差的均值和方差，称 $C = \frac{S_2}{S_1}$ 为均方差比值，称 $p = P\{|\varepsilon(k)-\bar{\varepsilon}| < 0.6745 S_1\}$ 为

小误差概率,均方差比值 C 越小越好,小误差概率 P 越大越好。

按照 C 和 P 两个指标,可以综合评判模型精度,各精度等级如表 4-1 所示。

表 4-1 后验差检验法精度等级表

模型精度等级	后验差比值 C	小误差概率 P
一级(好)	$C < 0.35$	$0.95 < P$
二级(合格)	$0.35 \leq C < 0.50$	$0.80 < P \leq 0.95$
三级(勉强合格)	$0.50 \leq C < 0.65$	$0.70 < P \leq 0.80$
四级(不合格)	$0.65 \leq C$	$P \leq 0.70$

(二)Elman 神经网络模型

1. Elman 神经网络简介

本次预测,采用的第二种模型是 Elman 神经网络模型,该神经网络模型是 J. L. Elman 于 1990 年首先针对语音处理问题而提出来的,是应用较为广泛的一种典型的神经网络模型。

Elman 神经网络是应用较为广泛的一种典型的反馈型神经网络模型。一般分为四层:输入层、隐层、承接层和输出层。其输入层、隐层和输出层的连接类似于前馈网络。输入层的单元仅起到信号传输作用,输出层单元起到加权作用。隐层单元有线性和非线性两类激励函数,通常激励函数取 Signmoid 非线性函数。而承接层则用来记忆隐层单元前一时刻的输出值,可以认为是一个有一步迟延的延时算子。隐层的输出通过承接层的延迟与存储,自联到隐层的输入,这种自联方式使其对历史数据具有敏感性,内部反馈网络的加入增加了网络本身处理动态信息的能力,从而达到动态建模的目的。Elman 神经网络具有动态记忆功能,非常适合时间序列预测问题,所以应用 Elman 神经网络模型预测人才需求是比较适合的。

2. 模型实现、训练与应用

Elman 神经网络适合处理时间序列问题,因此常常用于一维或多维信号的预测,下面以住宿业人才需求预测为例,来说明该模型的实现。

(1)样本设计

原始数据是连续 15 年的住宿业从业人数(2004 年至 2018 年,国家统计局网站公布数据),把这些数据作为训练样本,其中连续 5 年的从业人数作为训练输入,第 6 年的从业人数作为对应的期望输出。

（2）模型的实现与训练

本次实现模型的工具软件为 MATLAB（版本为 R2019b），MATLAB 是美国 MathWorks 公司出品的商业数学软件，用于算法开发、数据可视化、数据分析以及数值计算的高级技术计算语言和交互式环境，并自带了丰富的预定义函数和工具箱，其中神经网络工具箱为神经网络的使用者和研究者带来了巨大的便利，提高了工作效率。

使用 MATLAB 进行 Elman 神经网络模型编程时，可以使用工具箱提供的 newelm 或者 elmannet 函数进行创建，这里采用较新的 elmannet 函数，设置迭代次数为 2000 次，为了取得较好的效果，训练前对数据进行归一化处理，最后用同样的数据进行测试，并将训练好的网络保存，以备预测时使用。

图 4-3 为残差图，图 4-4 为真实值和测试的对比，从图中可以看出，网络训练效果较好，真实值与测试值相差很小，完全可以用于预测。

（3）应用训练好的模型进行预测

将 2004 年至 2018 年的数据输入，使用训练好的模型进行仿真计算，可以得出 2019 年至 2022 年的预测数据，我们就可以得出 2019 年至 2022 年的住宿业就业人数。

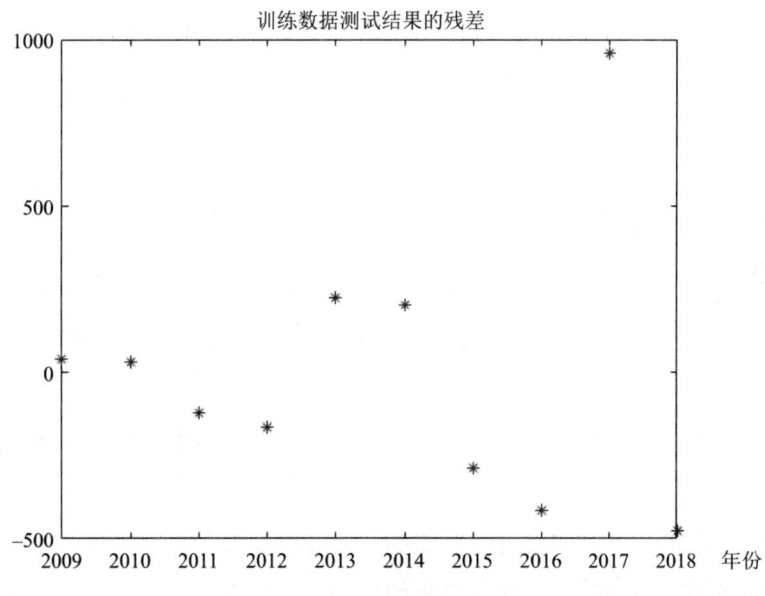

图 4-3　训练数据残差

图 4-4 真实数据与测试结果对比

（三）数据来源

为了保证数据的准确和权威，本次使用的人才需求数据的来源有 6 个：

① 2001 年至 2018 年的《中国旅游统计年鉴》中关于星级酒店、旅行社、景区就业人数的相关数据；

② 2014 年至 2018 年的全国旅游业直接从业人数数据来源为中国旅游研究院发布的《中国旅游业统计公报》；

③ 课题组与南京奥派信息技术有限公司合作，从"51job""智联招聘""58 同城""最佳东方"四大人才招聘网站上，通过网络爬虫技术抓取的旅游企业发布的招聘信息；

④ 国家统计局 2011 年至 2013 年全国就业人数数据（推算 2011 年至 2013 年的旅游直接就业人数）；

⑤ 2004 年至 2018 年国家统计局公布的住宿业从业人员数据；

⑥ 人工从前程无忧网站上收集、整理的招聘信息数据。

（四）本次预测与上年度预测的变化说明

本次预测与上年度预测相比，有两个方面的变化：一是数据更丰富。本次预测采集的数据比去年更为丰富，特别是新业态岗位需求数据，采集了四大招聘网站的全年旅游企业招聘数据；二是预测方法更多样。本次预测采用灰色预测 GM(1,1) 模型和

Elman 神经网络模型两种预测模型进行预测分析,提高预测的准确性和科学性。

三、需求规模预测与分析

(一)旅游行业人才需求量预测与分析

2011 年至 2018 年期间全国旅游业直接从业人数,如表 4-2 所示。其中 2014 年和 2018 年的直接就业人数是原国家旅游局公布统计数据,2011 年至 2013 年的数据是根据全国旅游工作会议上的文件中推算出来的,具体算法为:2014 年至 2017 年,每年的旅游统计公报中旅游直接和间接就业人数占全国就业总人数的比例逐年增高,2014 年为 10.19%,2015 年为 10.2%,2016 年为 10.26%,2017 年为 10.28%,这四年平均年递增率为 0.03%,按此比率推算,2011 年至 2013 年的占比,分别为 10.10%、10.13%、10.16%,而旅游直接就业人数占旅游直接和间接就业人数的比例各年份变化不大,一般为 35%,设旅游直接就业人数为 T,全国就业总人数为 P,则根据上述分析,2011 年的旅游直接就业人数为 $T=P \times 0.101 \times 0.35$,而每年的全国就业总人数 P 可以从国家统计局网站上查到,代入公式计算即可得到 2011 年旅游业直接就业人数。同法可得 2012 年和 2013 年的旅游直接就业人数。

表 4-2 2011—2018 年旅游行业直接从业人数

单位:万人

年份	2011	2012	2013	2014	2015	2016	2017	2018
就业人数	2701	2720	2737	2779.4	2798	2813	2825	2826

因为旅游直接就业人数的历史数据较少,所以不适合用 Elman 神经网络模型进行预测,只能使用灰色系统 GM(1,1) 模型进行预测,利用软件计算后,得出预测相对误差如表 4-3 所示,实际值和预测值对比如图 4-5 所示;后验差比:$C=0.052$,小概率误差:$P=1$,预测精度为 1 级,模型预测效果好,所以可以应用灰色系统模型进行预测。根据从四大招聘网站的酒店类和旅游类学历要求数据综合分析,98.5% 的岗位中、高职毕业生可以胜任,令当年需求人数为 Y,前一年的需求人数为 PY,则当年新增工作岗位需职业院校培养的数量为:$T=(Y-PY) \times 0.985$,最终预测出 2019 年至 2022 年期间全国旅游人才总量需求和需要职业院校培养的学生数量如表 4-4 所示。根据课题组的统计,2018 年全国旅游管理类高职专业招生约 11.8 万人,中职专业招生约 9.4 万人,职业院校共招生约 21.2 万人,此批学生 2021 年毕业,按《2018 中国高等职业教育质量年度报告》数据,2017 年高职院毕业生升本率约为 16%,按此比例计算,2021 年旅

游类高职毕业生约为9.9万人。根据近年来我国中职毕业生升高职的比例来看,各地高低不同,上海、江苏、河南等地已经接近60%,很多省市这一比例不到30%。[①]2019年5月公布的《高职扩招专项工作实施方案》提出,取消高职招收中职毕业生比例限制,允许符合高考报名条件的往届中职毕业生参加高职院校单独考试招生,这意味着,中职生的升学大门被完全打开。如果按照全国中职升高职15%的比例计算,2021年旅游类中职毕业生约为8万人。据此,2021年旅游职业院校合计毕业生约17.9万人,而2021年预测新增岗位中需职业院校培养的为19.2万人,整体供给小于需求。

表4-3 实际就业人数与预测需求人数对比

单位:万人

年份	2011	2012	2013	2014	2015	2016	2017	2018
实际就业人数	2701	2720	2737	2779.4	2798	2813	2825	2826
预测需求人数	2701	2729	2748	2767	2785	2804	2823	2842
相对误差	—	0.33%	0.40%	−0.45%	−0.46%	−0.32%	−0.07%	0.57%
平均相对误差	—	0.37%						

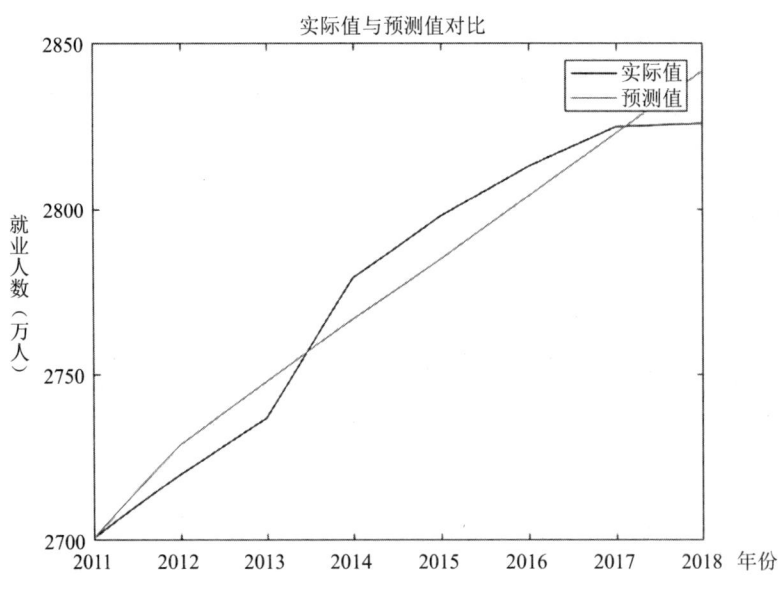

图4-5 旅游直接从业人数实际数据与预测数据对比

---

① 蒋理.高职院校办学全面进入"宽进严出"时代[N].北京青年报,2019-03-06.

表 4-4　2019—2022 年旅游人才需求总量预测

年份	2019	2020	2021	2022
预测人才（万人）	2861.4	2880.7	2900.2	2919.9
新增工作岗位（万个）	—	19.3	19.5	19.7
新增岗位需职业院校培养人数（万人）	—	19	19.2	19.4

（二）酒店行业职业院校人才需求预测与分析

1. 灰色系统 GM(1,1) 模型预测

2000 年到 2017 年，全国星级酒店实际从业人数如表 4-5 所示。

表 4-5　2000—2017 年星级酒店从业人数统计

单位：人

年份	2000	2001	2002	2003	2004	2005	2006	2007	2008
就业人数	1 124 896	1 052 054	1 216 076	1 350 600	1 446 104	1 517 070	1 580 403	1 668 095	1 669 179
年份	2009	2010	2011	2012	2013	2014	2015	2016	2017
就业人数	1 672 602	1 580 963	1 542 751	1 590 590	1 502 496	1 361 869	1 344 503	1 196 564	1 124 641

如果将这 18 年的数据全部代入，则 $C=0.8715$，$P=0.4444$，预测精度达不到标准，无法用灰色系统模型进行预测，当数据选择 2007 年至 2017 年的就业人数时，预测精度达到要求，可以应用灰色系统模型。使用软件计算的过程，本节不再详细讨论，只给出结果：预测误差如表 4-6 和图 4-6 所示；后验差比：$C=0.0185$，小概率误差：$P=1$，预测精度为 1 级，模型预测效果好。

表 4-6　星级酒店就业人数与预测人数对比（灰色系统预测）

年份	2007	2008	2009	2010	2011	2012
实际就业人数（人）	1 668 095	1 669 179	1 672 602	1 580 963	1 542 751	1 590 590
预测需求人数（人）	1 668 095	1 739 575	1 670 358	1 603 895	1 540 077	1 478 799
相对误差	—	4.22%	−0.13%	1.45%	−0.17%	−7.03%
年份	2013	2014	2015	2016	2017	
实际就业人数（人）	1 502 496	1 361 869	1 344 503	1 196 564	1 124 641	
预测需求人数（人）	1 419 958	1 363 459	1 309 207	1 257 115	1 207 095	
相对误差	−5.49%	0.12%	−2.63%	5.06%	7.33%	
平均误差	3.36%					

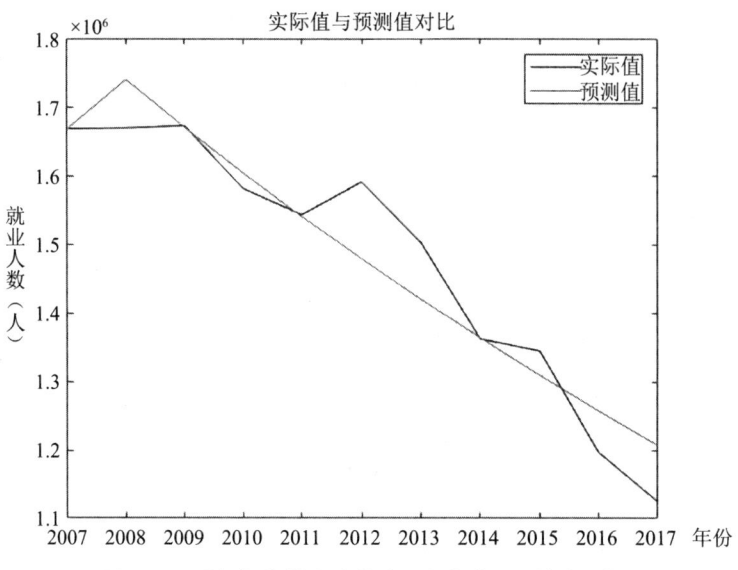

图 4-6 星级酒店从业人数实际数据与预测数据对比

预测 2019 年至 2022 年的星级酒店人才需求量如表 4-7 所示。

表 4-7 2019—2022 年星级酒店人才需求预测（灰色系统模型）

年份	2019	2020	2021	2022
预测需求人数（人）	1 112 947	1 068 663	1 026 142	985 312

2004 年到 2018 年，全国住宿业（为限额以上住宿单位，即：年主营业务收入 200 万元及以上）从业人数如表 4-8 所示。

表 4-8 2004—2018 年住宿业从业人数

单位：人

年份	2004	2005	2006	2007	2008	2009	2010	2011
就业人数	1 282 173	1 529 270	1 622 802	1 744 142	1 998 667	2 000 484	2 108 179	2 156 638
年份	2012	2013	2014	2015	2016	2017	2018	
就业人数	2 107 502	2 094 185	1 979 000	1 911 615	1 863 303	1 820 851	1 780 363	

如果将这 15 年的原始数据作为序列输入，则灰色系统预测不适用（$C=0.52$，$P=0.53$），当选择 2009 年至 2018 年的数据作为原始数据输入，预测误差如表 4-9 和图 4-7 所示；后验差比：$C=0.079$，小概率误差：$P=1$，预测精度为 1 级，模型预测效果好，所以可以应用灰色系统模型进行预测，预测 2019 年至 2022 年住宿业人才需求如表 4-10 所示。

表 4-9 住宿业就业人数与预测人数对比（灰色系统预测）

年份	2009	2010	2011	2012	2013
实际就业人数（人）	2 000 484	2 108 179	2 156 638	2 107 502	2 094 185
预测需求人数（人）	2 000 484	2 183 405	2 129 613	2 077 146	2 025 972
相对误差	—	3.57%	−1.25%	−1.44%	−3.26%
年份	2014	2015	2016	2017	2018
实际就业人数（人）	1 979 000	1 911 615	1 863 303	1 820 851	1 780 363
预测需求人数（人）	1 976 059	1 927 375	1 879 891	1 833 577	1 788 404
相对误差	−0.15%	0.82%	0.89%	0.70%	0.45%
平均误差	1.39%				

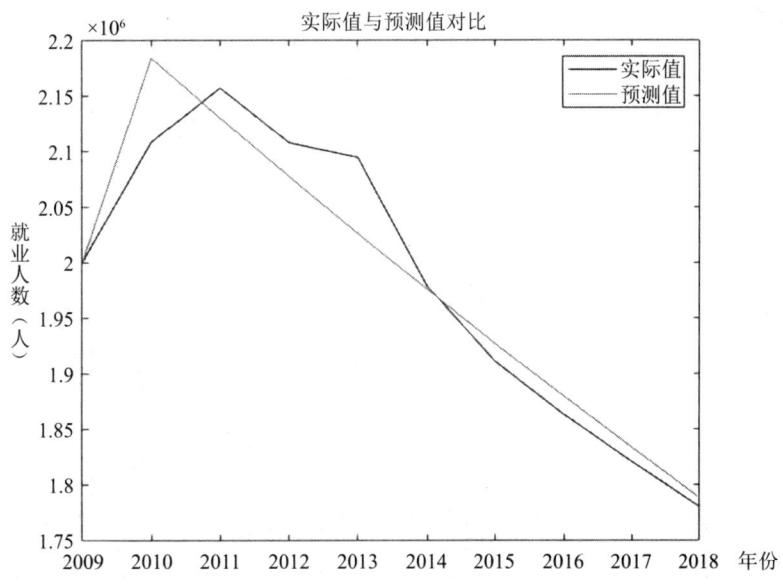

图 4-7 住宿业从业人数实际数据与预测数据对比（灰色系统模型）

表 4-10 2019—2022 年住宿业人才需求预测（灰色系统模型）

年份	2019	2020	2021	2022
预测人才（人）	1 744 343	1 701 368	1 659 452	1 618 569

2. Elman 神经网络模型预测

把 2000 年至 2017 年的从业人数作为原始数据，利用训练好的模型进行仿真预测，预测结果与实际值的比对如表 4-11 和图 4-8 所示，可见平均误差很小，真实值和预测差拟合得很好，预测 2019 年至 2022 年星级酒店从业人数如表 4-12 所示。

表 4-11 星级酒店就业人数与预测人数对比（Elman 神经网络预测）

年份	2005	2006	2007	2008	2009	2010	2011
实际就业人数（人）	1 517 070	1 580 403	1 668 095	1 669 179	1 672 602	1 580 963	1 542 751
预测需求人数（人）	1 517 000	1 580 500	1 667 900	1 669 400	1 672 500	1 580 900	1 542 900
相对误差	−0.005%	0.006%	−0.012%	0.013%	−0.006%	−0.004%	0.010%
年份	2012	2013	2014	2015	2016	2017	
实际就业人数（人）	1 590 590	1 502 496	1 361 869	1 344 503	1 196 564	1 124 641	
预测需求人数（人）	1 590 500	1 502 500	1 361 900	1 344 600	1 196 500	1 124 600	
相对误差	−0.006%	0.000%	0.002%	0.007%	−0.005%	−0.004%	
平均误差	0.006%						

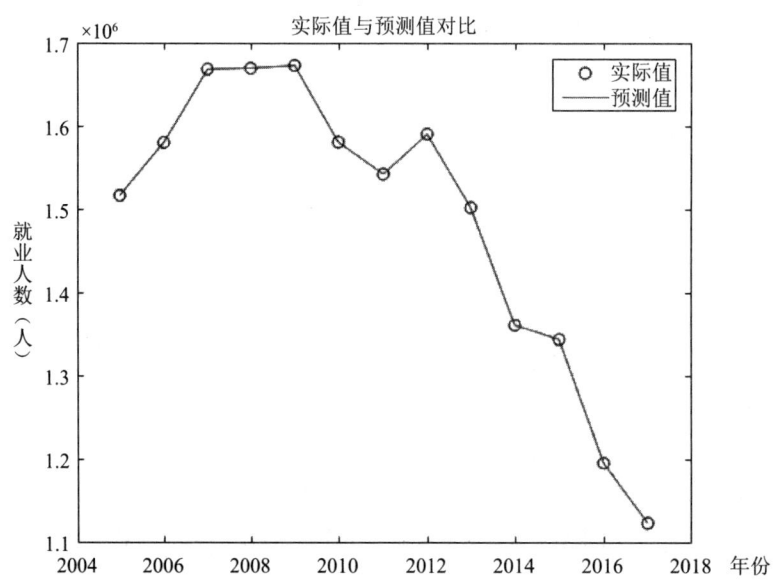

图 4-8 星级酒店从业人数实际数据与预测数据对比（Elman 神经网络预测）

表 4-12 2019—2022 年星级酒店人才需求预测（Elman 神经网络预测）

年份	2019	2020	2021	2022
预测人才（人）	1 058 700	1 073 400	1 053 300	1 088 900

把 2004 年至 2018 年的住宿从业人数作为原始数据，利用训练好的模型进行仿真预测，预测结果与实际值的比对如表 4-13 和图 4-9 所示，误差很小，预测 2019 年至 2022 年住宿业从业人数如表 4-14 所示。

表 4-13　住宿业就业人数与预测人数对比（Elman 神经网络预测）

年份	2009	2010	2011	2012	2013
实际就业人数（人）	2 000 484	2 108 179	2 156 638	2 107 502	2 094 185
预测需求人数（人）	2 000 400	2 108 100	2 156 900	2 107 400	2 093 800
相对误差	−0.004%	−0.004%	0.012%	−0.005%	−0.018%
年份	2014	2015	2016	2017	2018
实际就业人数（人）	1 979 000	1 911 615	1 863 303	1 820 851	1 780 363
预测需求人数（人）	1 979 100	1 912 200	1 862 800	1 820 800	1 780 500
相对误差	0.005%	0.031%	−0.027%	−0.003%	0.008%
平均误差	0.012%				

图 4-9　住宿业从业人数实际数据与预测数据对比（Elman 神经网络预测）

表 4-14　2019—2022 年住宿业人才需求预测（Elman 神经网络预测）

年份	2019	2020	2021	2022
预测人才（人）	1 721 500	1 659 400	1 624 600	1 639 900

3. 两种模型对比

对于星级酒店，灰色系统模型只能适用2007年至2017年这11年的数据，平均误差3.36%；Elman神经网络可以使用全部18年的数据，平均误差0.006%。而在住宿业的预测中，灰色系统模型只能适用2009年至2018年这10年的数据，平均误差1.39%，而Elman神经网络可以用全部15年的数据，平均误差为0.012%。

两者对于2019年至2022年的预测如表4-15和表4-16所示，从表中可以看出，对于住宿业，两者的预测有一定的差别，但总体趋势一致，且差别在可以接收的范围；对于星级酒店，2019年至2021年的预测数据相差不大，2022年的预测数据两者相差较大，考虑到灰色系统模型在单独预测星级酒店数据时误差就较大（平均误差3.36%，最大相对误差7.33%），而Elman神经网络模型预测星级酒店数据误差较小（平均误差0.006%，最大相对误差0.013%），明显优于灰色系统模型，这说明在星级酒店的预测上，灰色系统模型预测精准度不如Elman神经网络模型；同时Elman神经网络模型在住宿业预测中的平均误差也明显小于灰色系统模型，所以我们用Elman神经网络模型的预测结果作为2019年至2022年星级酒店和住宿业的人才需求的预测结果。

表4-15 2019—2022年星级酒店人才需求预测（灰色系统模型与Elman神经网络对比）

年份	2019	2020	2021	2022
灰色系统	1 112 947	1 068 663	1 026 142	985 312
Elman神经网络	1 058 700	1 073 400	1 053 300	1 088 900
相差百分比	4.87%	0.44%	2.65%	10.5%

表4-16 2019—2022年住宿业人才需求预测（灰色系统模型与Elman神经网络对比）

年份	2019	2020	2021	2022
灰色系统	1 744 343	1 701 368	1 659 452	1 618 569
Elman神经网络	1 721 500	1 659 400	1 624 600	1 639 900
相差百分比	1.30%	2.47%	2.10%	1.32%

从表4-15和表4-16的预测数据来看，星级酒店和住宿业的就业人数逐年减少（除Elman神经网络方法预测2022年从业人数比2021年稍有增加），没有提供新的工作岗位，但这不意味酒店企业不需要职业院校培养人才，这是因为：一方面，星级酒店和限额以上住宿业在整个住宿业市场中占比不大，仅仅靠这两者的统计数据，无法认识中国住宿业市场的全貌，在各种鼓励民宿发展的持续利好政策下，中国民宿业市场将越来越繁荣；

另一方面，酒店企业的高员工流失率仍造成了大量的员工需求缺口。根据中商产业研究院的数据，2014 年至 2016 年，我国民宿数量如表 4-17 所示。使用软件进行计算后，后验差比：$C=5\times10-5$，小概率误差：$P=1$，预测精度为 1 级，模型预测效果佳，所以可以应用灰色系统模型进行预测，预测 2019 年至 2022 年民宿数量如表 4-18 所示。

表 4-17　2014—2016 年民宿数量

年份	2014	2015	2016
民宿数量（家）	30 200	42 658	50 200

表 4-18　2018—2022 年民宿数量预测

年份	2019	2020	2021	2022
预测民宿数量（家）	81 499	95 874	112 784	132 677
新增数量（家）	12 219	14 375	16 910	19 893

中商产业研究院的数据表明，平均每家民宿大约需要员工 5 名，据此计算，2021 年民宿业需要 8.5 万名毕业生（16 910×5×0.985=83281.75），而职业院校开设民宿管家等相关专业方向相对较少，供给人才不能有效满足民宿业的发展。

综上，职业院校应根据酒店业、住宿业、民宿业的市场需求变化，调整专业设置和课程体系，增加新业态的专业或课程等。

（三）旅行社行业职业院校人才需求预测与分析

1. 灰色系统模型

表 4-19 中的数据为 2000 年至 2017 年这 18 年间的全国旅行社的就业人数。如果将这 18 年的数据全部作为输入变量，则 $C=0.118$，$P=0.889$，灰色系统模型不适用，若选取 2010 年到 2017 年期间的数据，则后验差比：$C=0.088$，小概率误差：$P=1$，预测精度为 1 级，完全可以用于预测旅行社的人才需求。使用编制的程序计算后，相对误差如表 4-20 和图 4-10 所示。

表 4-19　2000—2017 年旅行社从业人数统计

单位：人

年份	2000	2001	2002	2003	2004	2005	2006	2007	2008
就业人数	164 336	192 408	229 147	249 802	246 219	248 919	285 917	307 977	321 655
年份	2009	2010	2011	2012	2013	2014	2015	2016	2017
就业人数	308 978	277 262	299 755	318 223	339 993	341 312	334 033	346 219	358 873

表 4-20　旅行社实际就业人数与需求预测对比（灰色系统模型预测）

年份	2010	2011	2012	2013	2014	2015	2016	2017
实际人才数（人）	277 262	299 755	318 223	339 993	341 312	334 033	346 219	358 873
预测人才数（人）	277 262	310 429	317 988	325 732	333 663	341 789	350 112	358 637
相对误差	-	3.56%	-0.07%	-4.19%	-2.24%	2.32%	1.12%	-0.07%
平均误差	1.94%							

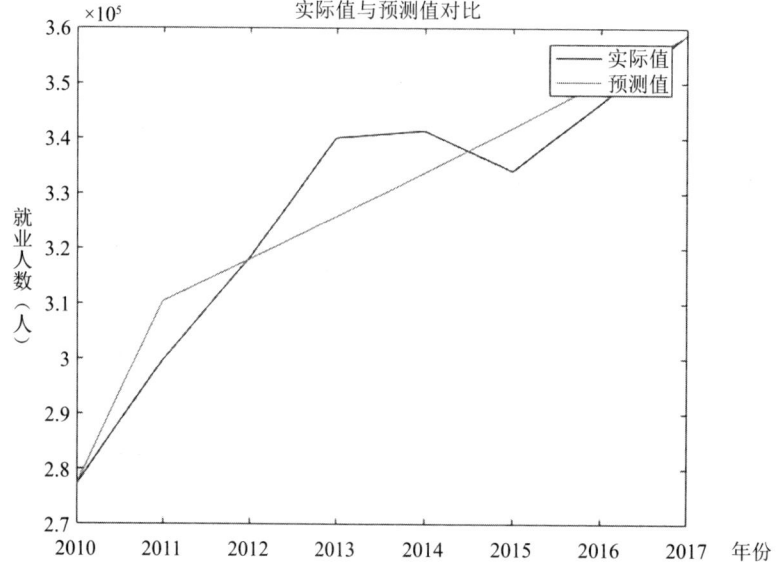

图 4-10　旅行社从业人数实际数据与预测数据对比（灰色系统模型预测）

最终的全国旅行社 2019 年至 2022 年的人才需求量预测结果如表 4-21 所示。

表 4-21　2019—2022 年期间旅行社人才需求预测（灰色系统模型预测）

年份	2019	2020	2021	2022
预测人才数（人）	37 631	385 481	394 868	404 483

2. Elman 神经网络模型预测

将 2000 年至 2017 年 18 年的全部数据输入训练好的模型，利用模型进行迭代仿真计算，可得 2005 年至 2022 年的预测数据。其中 2005 至 2017 年的预测误差如表 4-22 和图 4-11 所示。2019 到 2022 年的预测数据如表 4-23 所示。

表 4-22 旅行社实际就业人数与需求预测对比（Elman 神经网络模型预测）

年份	2005	2006	2007	2008	2009	2010	2011
实际就业人数（人）	248 919	285 917	307 977	321 655	308 978	277 262	299 755
预测需求人数（人）	263 900	301 310	322 290	337 630	310 560	276 040	317 280
相对误差	6.02%	5.38%	4.65%	4.97%	0.51%	-0.44%	5.85%
年份	2012	2013	2014	2015	2016	2017	
实际就业人数（人）	318 223	339 993	341 312	334 033	346 219	358 873	
预测需求人数（人）	335 030	357 270	351 520	328 080	334 660	351 730	
相对误差	5.28%	5.08%	2.99%	-1.78%	-3.34%	-1.99%	
平均误差	3.71%						

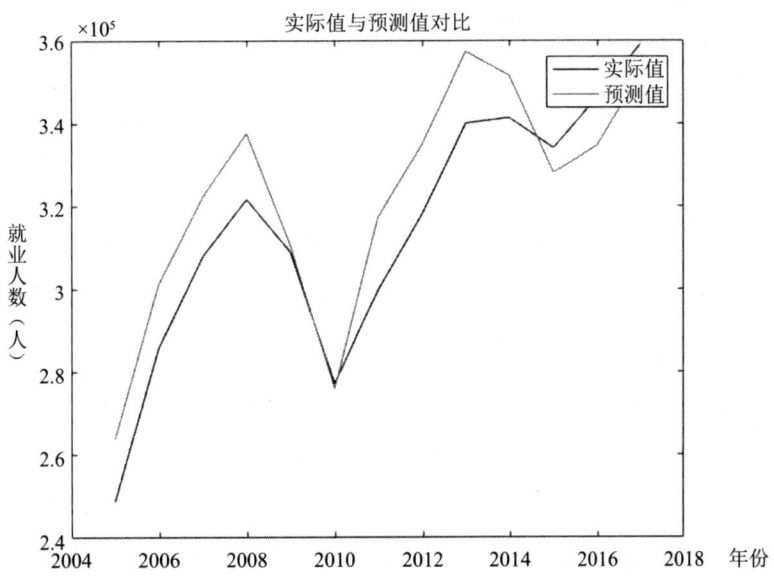

图 4-11 旅行社从业人数实际数据与预测数据对比（Elman 神经网络模型预测）

表 4-23 2019—2022 年期间旅行社人才需求预测（Elman 神经网络模型预测）

年份	2019	2020	2021	2022
预测人才数（人）	378 550	380 440	386 430	389 570

3. 两种模型对比

灰色系统模型只能适用 2010 年至 2017 年 8 年的数据，平均误差 1.94%；Elman 神经网络可以使用全部 18 年的数据，平均误差 3.71%。

两者对于2019年至2022年的预测如表4-24所示，从表中可以看出，两者的预测有一定的差别，但差别不大；同时，两者的平均预测误差相关也不大，所以，取两者平均值，作为2019年至2022年旅行社人才需求的预测结果，如表4-25所示。

表4-24　2019—2022年旅行社人才需求预测（灰色系统模型与Elman神经网络对比）

年份	2019	2020	2021	2022
灰色系统	376 317	385 481	394 868	404 483
Elman神经网络	380 850	388 140	393 720	407 310
相差百分比	1.20%	0.69%	−0.29%	0.70%

表4-25　2019—2022年旅行社人才需求预测

年份	2019	2020	2021	2022
预测人才数（人）	378 584	386 811	394 294	405 897
新增旅行社岗位数（个）	—	8227	7484	11 603
新增旅行社岗位需职业院校培养人数	—	8104	7372	11 429

2018年职业院校旅行社经营与管理专业招生数据不详，但2017年本专业高职院校共招生616人（中职本专业未招生），根据公开发布的职校院校2018年招生统计（高职增加5.16%，中职减少3.95%）来推算，本专业2018的招生总量估计在650人左右，此批学生2021年毕业，而2021年预测新增岗位中需职业院校培养的为7372人。所以旅行社经营与管理专业毕业生有较大的就业空间，可以扩大招生规模。

（四）导游及领队职业院校人才需求预测与分析

导游及领队的近年来的具体就业数据，《中国旅游统计年鉴》中没有提供，课题组只能利用间接数据进行估算，根据从"前程无忧"人工检索及整理的数据来看，2019年大旅游类的招聘岗位中，导游及领队岗位约占总信息的4.94%，据此估计，导游及领队大约占旅游总人才需求的5%左右，再根据表4-4，估算后，可以得出2019年至2022年期间导游及领队的人才需求量，如表4-26所示。

表4-26　2019—2022年期间导游及领队人才需求预测

年份	2019	2020	2021	2022
预测人才（人）	1 430 700	1 440 350	1 450 100	1 459 950
新增工作岗位（个）	—	9650	9750	9850
新增岗位需职业院校培养人数	—	9505	9604	9702

2018年全国职业院校导游专业招生数据不详，但2017年高职导游类专业共招生4000人，中职院校导游专业招生9766人，根据公开发布的职校院校2018年招生统计（高职增加5.16%，中职减少3.95%）来推算，职业院校导游专业2018年共招生13 586人，此批学生2021年毕业，除去升学的学生，约有11 548名毕业生，而2021年预测新增岗位中需职业院校培养的为9604人，从数据上看需求大于供给。

（五）景点景区职业院校人才需求预测与分析

2014年至2017年景区的就业人数如表4-27所示，没有采用2014年之前的数据是因为，2014年至2017年每年景区的就业人数比前各年份多出了很多（2013年为237 961人，2014年为1 215 384人，2015年为1 229 239人，2016年为1 287 706人，2017年为1 300 945人），推测2014年之后和2014年之前的景区就业人数的统计口径可能不一致，所以，课题组基于2014年至2017年连续4年的数据进行预测，数据样本较少，Elman神经网络模型不适用，但灰色系统理论恰恰适用于样本少、贫信息，经过计算，得出如表4-28所示的实际就业人数和预测人数的对比，可以发现，误差不大，后验差比：$C=0.066$，小概率误差：$P=1$，预测精度为1级，说明可以应用灰色系统模型预测景区的人才需求。经过软件计算，得出如表4-29所示的景区人才需求预测。

表4-27 2014—2017年A级景区就业人数

年份	2014	2015	2016	2017
就业人数（人）	1 215 384	1 229 238	1 287 706	1 300 945

表4-28 实际就业人数和预测人数对比

年份	2014	2015	2016	2017
实际就业人数（人）	1 215 384	1 229 238	1 287 706	1 300 945
预测人才需求数（人）	1 215 384	1 237 081	1 272 215	1 308 346
误差	—	0.64%	-1.20%	0.57%
平均误差	2.41%			

表4-29 2019—2022年A级景区人才需求预测

年份	2019	2020	2021	2022
预测人才数（人）	1 383 717	1 423 016	1 463 430	1 504 992
新增景区岗位（个）	—	39 299	40 414	41 562
新增景区岗位需职业院校培养人数	—	38 710	39 808	40 939

2018年全国职业院校景区管理专业招生数据不详，2017年全国高职景区管理类专业共招生983人，中职该专业未招生，职业院校共招生983人，根据公开发布的职业院校2018年招生统计（高职增加5.16%，中职减少3.95%）来推算，2018年职业院校景区专业招生约1034人，此批学生2021年毕业，而从表4-27的预测情况看，2021年预测新增岗位中需职业院校培养的为39 808人。可以得出，未来几年，景区的人才需求是巨大的，而目前职业院校景区管理专业毕业生数量不多，因此，应扩大该专业的人才培养规模。

（六）旅游新业态高职人才需求预测与分析

根据文化和旅游部2018年12月发布的《关于提升假日及高峰期旅游供给品质的指导意见》，未来将着力开发文化体验游、乡村民宿游、休闲度假游、生态和谐游、城市购物游、工业遗产游、研学知识游、红色教育游、康养体育游、邮轮游艇游、自驾车房车游等11个旅游新业态。据此，课题组从"前程无忧"上采集了北京、上海、广州、深圳、南京、成都、湖州、三亚、厦门、天津等10个城市的自驾房车旅游、民宿旅游、度假旅游、会展旅游、旅游电商、邮轮/游艇旅游等六个旅游新业态的人才招聘需求信息，如表4-30所示，旅游电商、会展旅游、度假旅游招聘信息较多。

表4-30 2019年12月10城市旅游新业态需求信息统计表

岗位	房车旅游	民宿旅游	度假旅游	会展旅游	旅游电商	邮轮旅游
信息数量	104	191	651	890	3615	169

为更加科学地预测旅游新业态的人才需求，课题组通过采用数据挖掘技术提取了51job、智联招聘、58同城、最佳东方等四大招聘网站中上述六个旅游新业态2019年招聘需求信息，如表4-31所示。

表4-31 2019年全年四大招聘网站旅游新业态需求信息统计表

岗位	房车旅游	民宿旅游	度假旅游	会展旅游	旅游电商	邮轮旅游
信息数量	1722	8435	16 879	18 552	131 435	5621

从表4-31可以看出，中国旅游新业态发展态势良好，特别是旅游电商（电子商务、智慧旅游、旅游新技术）、会展旅游、度假旅游、民宿旅游等新业态人才需求量较大。可以预测，随着文旅融合发展，互联网技术、人工智能技术等在旅游产业的深入运用，旅游企业更趋向于需要综合素质好、兼具跨界知识与技能的人才，这对旅游人才培养提出了新的要求。

四、小结

为了科学预测职业院校旅游人才需求规模，为职业院校旅游类专业设置、招生计划制定、人才培养等提供依据，本章引入了灰色系统 GM(1,1) 模型和 Elman 神经网络模型，分别使用 Python 语言和 MATLAB 编程实现了 GM(1,1) 模型和 Elman 神经网络模型，利用历年的中国旅游统计年鉴、中国统计年鉴、中国旅游业发展公报等官方数据以及网络抓取数据，对 2019 年至 2022 年的职业院校旅游人才总量需求，以及酒店、旅行社、导游及领队、景区的职业院校人才需求规模进行了预测。预测结果显示，总体来看旅游业人才供给小于需求，结构性矛盾依旧突出；星级酒店和住宿业人才需求逐年下降，但民宿业需求增长较快，酒店管理类毕业生总体供给与需求平衡；旅行社和景区专业供给小于需求，毕业生有较大的就业空间，可以适当扩大招生规模；导游专业供给略大于需求，需要控制招生规模；新业态专业人才短缺，职业院校需加大旅游人才培养力度，满足旅游新业态的人才需求。本次预测旨在为职业院校旅游类专业设置、招生计划制定、人才培养方案制订以及专业教育教学改革等提供理论支撑和决策依据。

第五章 旅游类人才岗位需求预测与质量要求分析

本章主要利用网络爬虫技术抓取招聘数据，采用文本挖掘技术、聚类分析以及鱼骨分析等方法，构建了旅游人才质量词典。利用文本频数分析法对旅行社、酒店、景区三类旅游企业岗位群的人才需求质量进行分析，旨在为职业院校旅游类专业的人才培养提供理论依据和支撑。

一、旅游类人才岗位需求的质量分析框架

为了科学分析旅游企业岗位群需要的人才质量，课题组设计了旅游类人才岗位需求的质量分析框架体系，如图5-1所示。该框架体系主要包括数据采集、数据处理、数据分析、结果呈现等四个模块。

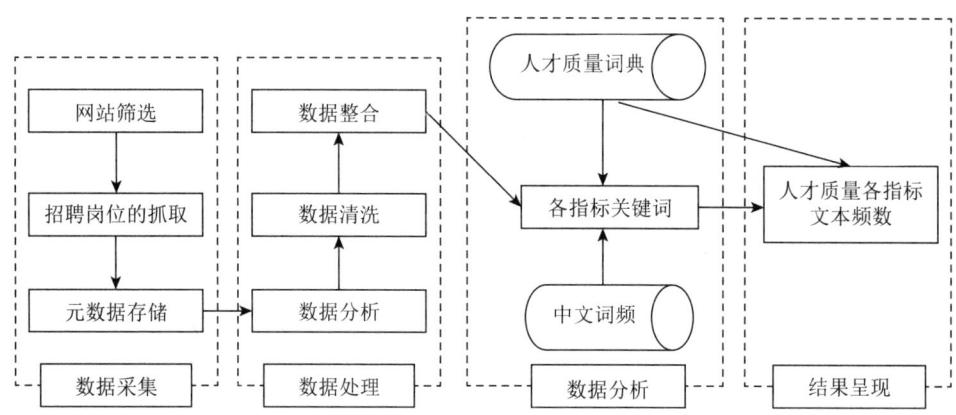

图5-1 旅游类人才岗位需求的质量分析框架

（一）数据采集模块

为了保证数据的准确性和权威性，课题组通过从"51job、智联招聘、58同城、最佳东方"等四个主流招聘平台，利用网络爬虫技术将旅游类企业的主要岗位作为关键词确定数据抓取范围，采集2019年1月至12月全年的旅游企业发布的招聘信息，形成元数据并存储。

（二）数据处理模块

该模块的核心是文本挖掘，首先对抓取的数据内容进行清洗和规范，然后使用中文分词技术，筛选出有分析价值的关键词，最后将处理过的关键词进行整合，作为可供正式分析的对象。

（三）数据分析模块

将筛选出来的关键词运用中高频关键词的词频分析法、聚类分析以及鱼骨分析等方法实现了旅游人才质量词典的构建，为旅游人才质量分析提供基础。

（四）结果呈现模块

结果呈现阶段是应用挖掘结果解决现实问题的过程，该模块的主要功能是展示文本数据，发布分析结论。本课题将处理模块获得的数据根据旅游人才质量词典的类目，通过频数统计方法分析旅游类企业主要岗位对人才质量的要求。

二、旅游人才质量词典指标体系的构建

（一）旅游类企业的主要岗位覆盖

为了便于数据采集，课题组通过网络调研及企业调研对旅游类企业的主要工作岗位进行了梳理，具体覆盖岗位如表 5-1 所示。

表 5-1 旅游类企业的主要岗位覆盖

企业类型	部门	岗位	企业类型	部门	岗位
旅行社	营销	旅游顾问	酒店	前厅	总机/主管/领班/员工
		旅游产品销售			房务部总监
		渠道专员		客房	客房部经理/行政管家
		渠道/分销经理/主管			楼层经理/主管/领班
		渠道经理/总监			洗衣房经理/布草/制服主管/领班
		电话客服			公共区域（PA）经理/主管
		网络/在线客服			客房部员工
		客服专员/助理/经理		工程	工程部总监/总工程师/工程部经理/主管/领班
	计调	计调			电脑网关/IT技术人员
	签证专员	证照			工程师

续表

企业类型	部门	岗位	企业类型	部门	岗位
旅行社	导游	导游	酒店	餐饮	餐饮总监
		领队			宴会服务经理/主管/领班/员工
景区	营销	票务			西餐厅经理/主管/领班/员工
		渠道专员			中餐厅经理/主管/领班/员工
	接待	导游讲解			管事部经理/总管事/管事部主管/领班/员工
		景区交通			送餐经理/送餐主管/领班/员工
		客服			酒吧经理/主管/领班/员工
	运维	环境监控			大堂吧经理/主管/领班/员工
		设施设备维护			咖啡厅经理/主管/领班/员工
	娱乐表演	游乐设计			酒水经理/主管/领班
		编导			调酒师/侍酒师
		戏剧/表演/舞台			茶艺师
		制作节目编排		营销	销售总监/经理
		乐园运营			市场传讯总监/经理
		乐园策划			收益分析经理/主管
民宿		民宿店长/管家			预订经理/主管/领班/预订员
邮轮		海乘		人力资源	人事经理/专员
会展		会展策划			培训经理/专员
		会展服务			薪资经理/专员

（二）旅游人才质量词典类目的构建

1. 企业招聘信息中高频关键词的词频分析

在数据处理模块中对抓取的招聘信息利用中文分词技术整合筛选出1323个关键词，由于抓取招聘信息的数量巨大，本部分的数据是以平均一周的数据量作为统计基础。为了全面描述企业对旅游人才质量的要求，本课题采用"词频、词量、累积词频占比法"确定中高频关键词。

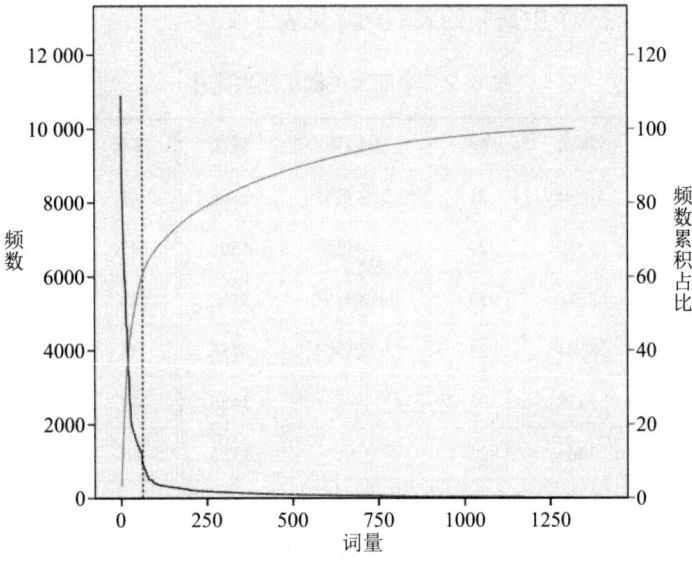

图 5-2　词频和累积词频占比随词量变化情况

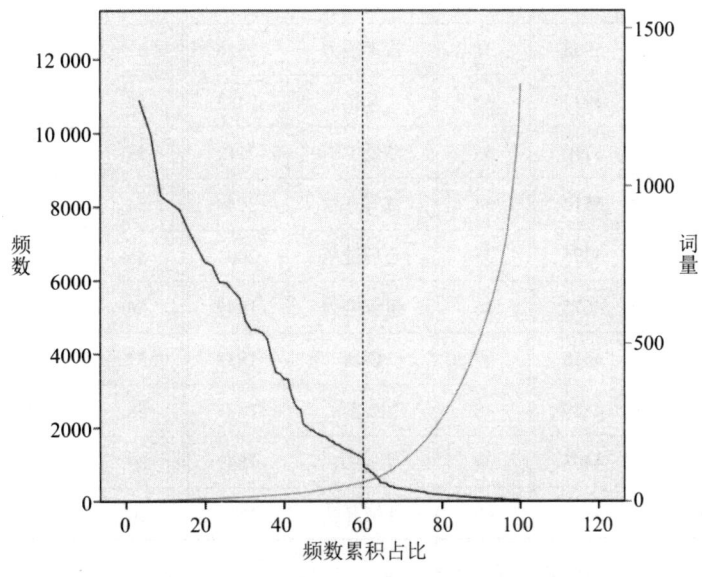

图 5-3　词频和词量随累积词频占比变化情况

图 5-2 是词频和累积词频占比随词量变化情况，x 轴代表词量，可以看出随词量的增加，词频不断降低，累积词频占比不断升高，虚线右侧为低频区；图 5-3 是词频和词量随累积词频占比变化情况，x 轴代表累积词频占比，可以看出随累积词频占比的增加，词频不断降低，词量不断升高，虚线右侧为低频区。结合图 5-2 和图 5-3 进行综合判断，选取频次≥1200 的关键词作为中高频关键词，其总频次占全部关键词总频次

的60%，共确定出来60个中高频的关键词（见表5-2）。

表5-2 中高频关键词频次排序

序号	关键词	频次	序号	关键词	频次	序号	关键词	频次
1	认真负责	10 906	21	专业对口	3866	41	总结	1794
2	沟通能力	9950	22	工作热情	3508	42	理解	1772
3	技能	8298	23	身体健康	3508	43	领悟	1762
4	服务意识	8104	24	人文知识	3456	44	创意	1562
5	客户关系	7918	25	学习	3456	45	设计	1550
6	服务技巧	7365	26	团队	3324	46	网页	1497
7	销售	6920	27	协作	3324	47	数据	1467
8	礼仪	6508	28	应急能力	3315	48	策划	1428
9	办公软件	6409	29	运营	2887	49	推广	1415
10	合作	6409	30	咨询	2656	50	判断	1350
11	亲和力	5958	31	管理能力	2526	51	抗挫能力	1337
12	人际交往	5937	32	开拓	2487	52	敬业精神	1305
13	尊重	5710	33	热爱工作	2112	53	形象好	1294
14	抗压能力	5512	34	诚实守信	2048	54	气质佳	1268
15	专业知识	4895	35	心理健康	2001	55	积极向上	1251
16	语言表达	4675	36	组织能力	1947	56	渠道	1233
17	证书	4658	37	创新	1939	57	日语	1233
18	英语	4589	38	观察	1881	58	思维敏捷	1217
19	执行力	4403	39	注意力	1849	59	勇于挑战	1217
20	踏实肯干	3866	40	性格开朗	1816	60	小语种	1200

2. 招聘信息中高频关键词的共现矩阵

为了厘清中高频关键词之间的归类关系，首先对60个中高频关键词进行共词分析，建立60×60的共现矩阵（见表5-3），然后将该共现矩阵导入SPSS软件标准化后进行聚类分析。

表 5-3 中高频关键词共现矩阵（部分）

关键词	认真负责	沟通能力	技能	服务意识	客户关系	服务技巧	销售	礼仪	办公软件
认真负责	10 906	708	915	939	897	886	859	607	876
沟通能力	708	9950	783	717	775	699	803	492	438
技能	915	783	8298	515	215	88	123	732	522
服务意识	939	717	515	8104	906	312	421	531	422
客户关系	897	775	215	906	7918	401	1089	356	565
服务技巧	886	699	88	312	401	7365	435	123	368
销售	859	803	123	421	1089	435	6920	88	431
礼仪	607	492	732	531	356	123	88	6508	289
办公软件	676	438	522	422	565	368	431	289	6409

3. 招聘信息中高频关键词的聚类分析

聚类分析是通过对共词关系网络中词与词之间的距离进行数学运算分析，将距离较近的关键词聚集起来，形成一个个概念相对独立的类，使得类间属性相似性最小，类内属性相似性最大的过程。本部分利用的是 K-均值聚类法。

聚类分析步骤：

第 1 步指定聚类数目 K：根据专家访谈和参考 2018 年《基于职业教育视角的中国旅游人才供给与需求的研究报告》中旅游人才质量词典的指标体系以及多次聚类验证确定聚类数目为 13 最为合适。

第 2 步确定 K 个初始类中心：由系统指定 K 个初始类中心，SPSS 会根据样本数据的具体情况选择 K 个有一定代表性的样本作为初始中心点。

第 3 步根据距离最近原则进行聚类：依次计算每个样本数据点到 K 个类中心点的欧氏距离，并按照 K 个类中心点距离最短的原则将所有样本分派，聚成 K 个类。

第 4 步重新确定 K 个类中心：SPSS 计算每个类中各变量的均值，并以均值点作为新的类中心点。

第 5 步迭代计算：重复第 3 步和第 4 步，直到达到指定的迭代次数或终止迭代的判据要求为止。

根据上述计算流程获得中高频关键词的聚类结果（见表 5-4）。

表 5-4 中高频关键词的聚类结果

类	关键词
A	1.认真负责 20.踏实肯干 22.工作热情 33.热爱工作 34.诚实守信 52.敬业精神
B	23.身体健康 53.形象好 54.气质佳
C	40.性格开朗 14.抗压能力 35.心理健康 51.抗挫能力 55.积极向上 59.勇于挑战
D	4.服务意识 11.亲和力 13.尊重
E	2.沟通能力 12.人际交往 16.语言表达
F	37.创新 44.创意 45.设计
G	3.技能 6.服务技巧 8.礼仪 17.证书 15.专业知识 21.专业对口 24.人文知识
H	19.执行力 28.应急能力 31.管理能力 36.组织能力
I	18.英语 57.日语 60.小语种
J	25.学习 38.观察 39.注意力 41.总结 42.理解 43.领悟 50.判断 58.思维敏捷
K	10.合作 26.团队 27.协作
L	9.办公软件 46.网页 47.数据
M	5.客户关系 7.销售 29.运营 48.策划 49.推广 30.咨询 32.开拓 56.渠道

4. 旅游人才质量词典的构建

根据专家访谈，将13类中高频关键词分别总结为：职业道德与责任、身体素质、心理素质、服务意识、人际交往与沟通能力、创新能力、专业知识与能力、管理组织能力、外语能力、终身学习能力、团队协作能力、计算机能力、营销能力，形成旅游人才质量词典的三级指标体系（见鱼骨图5-4），同时将13个三级指标体系归纳为职业素质和知识与能力为两个二级指标，则旅游人才质量词典构建完成（见表5-5）。

本次建立的旅游人才质量词典与2018年《基于职业教育视角的中国旅游人才供给与需求的研究报告》中的人才质量词的差别主要体现在：

（1）筛选关键词的方法不同。2018年报告中构建旅游人才质量词典直接按照频次数筛选关键词确定关键词的个数，而本次采用"词频、词量、累积词频占比法"确定中高频关键词，更具有科学性。

（2）三级指标体系建立的方法不同。2018年报告中构建旅游人才质量词典三级指标体系是通过专家打分法获得数据采用因子分析法筛选，而本次是通过文本挖掘法获得数据，直接采用聚类分析法将关键词分类确定了13个三级指标。

（3）确定的三级指标体系略有变化。2018年报告中构建的旅游人才质量词典三级指标体系中有人文素养这个指标，但是本次由于确定关键词的方法发生变化，没有获取到人文素养这个的指标，而获取了身体素质这个指标。

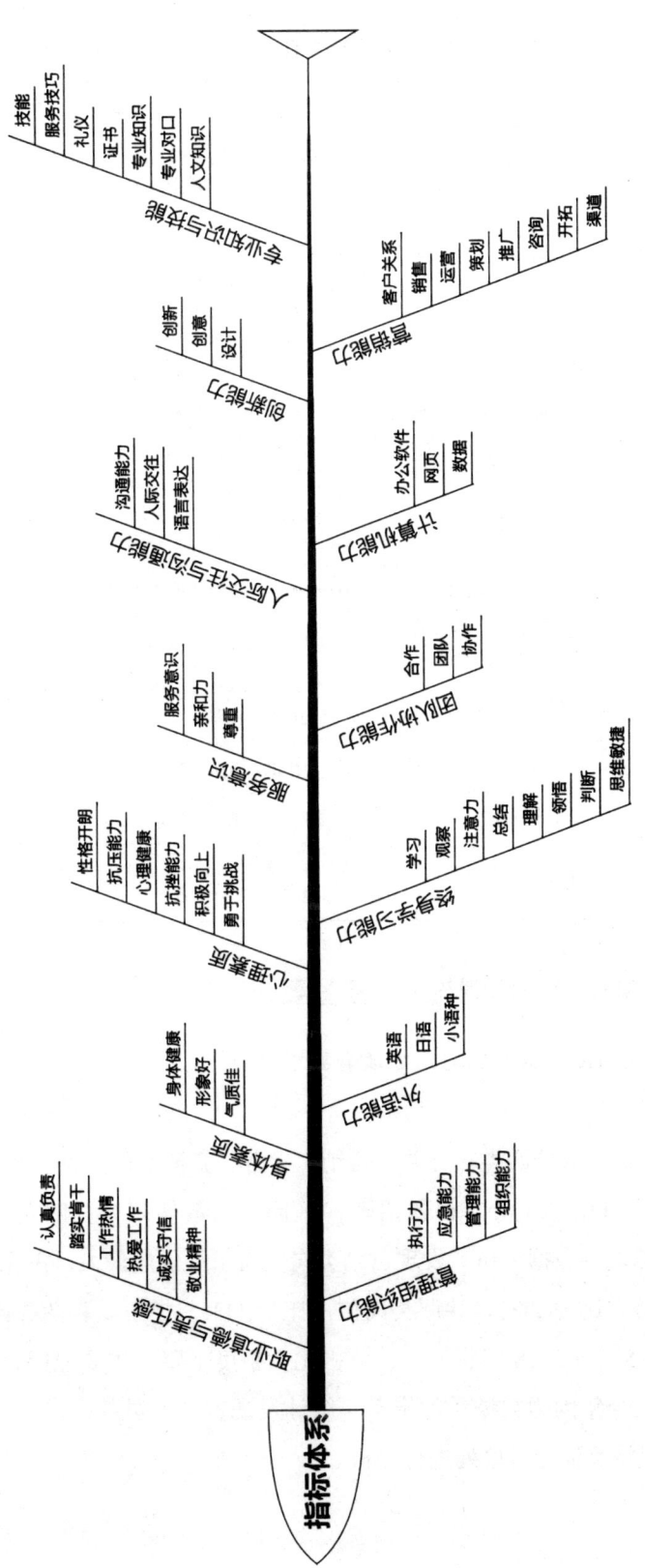

图 5-4 旅游人才质量词典的关键词鱼骨分析图

表 5-5 旅游人才质量词典（2019）

一级指标	二级指标	三级指标	关键词
旅游人才质量	职业素质	A 职业道德与责任感	A1 认真负责 A2 踏实肯干 A3 工作热情 A4 热爱工作 A5 诚实守信 A6 敬业精神
		B 身体素质	B1 身体健康 B2 形象好 B3 气质佳
		C 心理素质	C1 性格开朗 C2 抗压能力 C3 心理健康 C4 抗挫能力 C5 积极向上 C6 勇于挑战
		D 服务意识	D1 服务意识 D2 亲和力 D3 尊重
		E 人际交往与沟通能力	E1 沟通能力 E2 人际交往 E3 语言表达
		F 创新能力	F1 创新 F2 创意 F3 设计
	知识与能力	G 专业知识与技能	G1 技能 G2 服务技巧 G3 礼仪 G4 证书 G5 专业知识 G6 专业对口 G7 人文知识
		H 管理组织能力	H1 执行力 H2 应急能力 H3 管理能力 H4 组织能力
		I 外语能力	I1 英语 I2 日语 I3 小语种
		J 终身学习能力	J1 学习 J2 观察 J3 注意力 J4 总结 J5 理解 J6 领悟 J7 判断 J8 思维敏捷
		K 团队协作能力	K1 合作 K2 团队 K3 协作
		L 计算机能力	L1 办公软件 L2 网页 L3 数据
		M 营销能力	M1 客户关系 M2 销售 M3 运营 M4 策划 M5 推广 M6 咨询 M7 开拓 M8 渠道

三、旅游企业岗位需求预测与人才质量要求分析

（一）旅行社企业岗位需求预测与人才质量要求分析

1. 岗位需求预测

旅行社企业岗位群主要分四类：计调、营销、导游、签证专员（见表 5-1）。

根据南京奥派公司在"51job、智联招聘、58同城、最佳东方"四大主流平台从 2019 年 1 月~12 月抓取的数据分析，发现营销类岗位需求量仍然最大，占比高达 60%，签证专员需求量旺盛占比为 21%，计调类岗位占比为 11%，导游及领队类岗位占比仅为 8%。具体见图 5-5。与 2018 年相比，计调占比大幅度下降，主要原因是 2018 年将签证专员列为计调，今年因为数据量的丰富，统计发现签证专员的需求量超过计调岗位，所以本次课题组将签证专员单列进行分析。

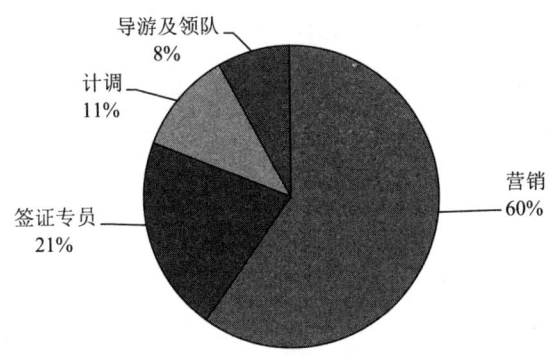

图 5-5　旅行社四类岗位群招聘数量的比例

2. 人才质量要求分析

根据旅游人才质量词典指标体系，对三级指标关键词的文本频率进行统计，分析旅行社企业营销、计调、导游、签证专员四类岗位群的人才质量要求。

（1）营销类岗位群的人才质量要求分析

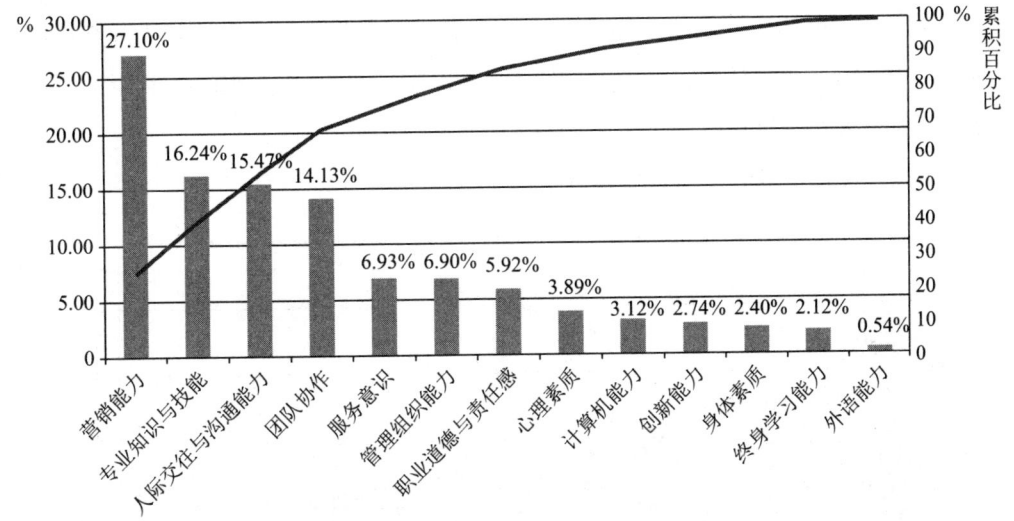

图 5-6　营销岗位群招聘人才质量要求的文本频率

根据图 5-6 可知，营销岗位群人才质量要求，最重要的职业素质是人际交往与沟通能力和服务意识，最重要的知识与能力是营销能力和专业知识与技能，尤其是对营销能力要求最高。

（2）计调类岗位群的人才质量要求分析

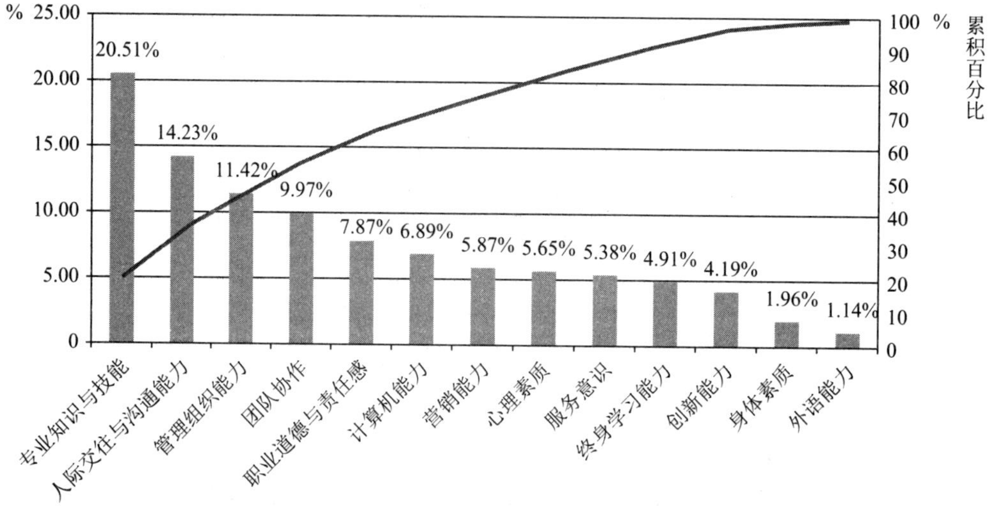

图 5-7　计调岗位群招聘人才质量要求的文本频率

根据图 5-7 可知，计调岗位群人才质量要求，最重要的职业素质是人际交往与沟通能力、职业道德与责任感，最重要的知识与能力是专业知识与技能和管理组织能力，对外语能力要求相对比较低。

（3）导游岗位群的人才质量要求分析

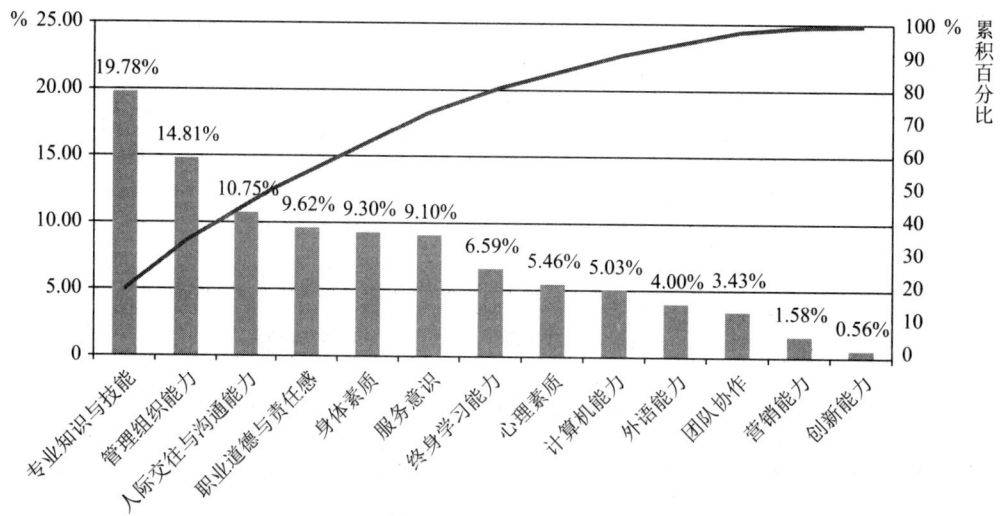

图 5-8　导游岗位群招聘人才质量要求的文本频率

根据图 5-8 可知，导游岗位群的人才质量要求，最重要的职业素质前三位是人际交往与沟通能力，职业道德与责任感以及身体素质，对知识与能力要求的前三位是专业知识与技能、管理组织能力及终身学习能力。其中专业知识与技能在文本词典里包含导游资格证书，在抓取的招聘信息的要求中，导游岗位群都要求有资格证书，而领队对外语能力有较高要求。

（4）签证专员岗位群的人才质量要求分析

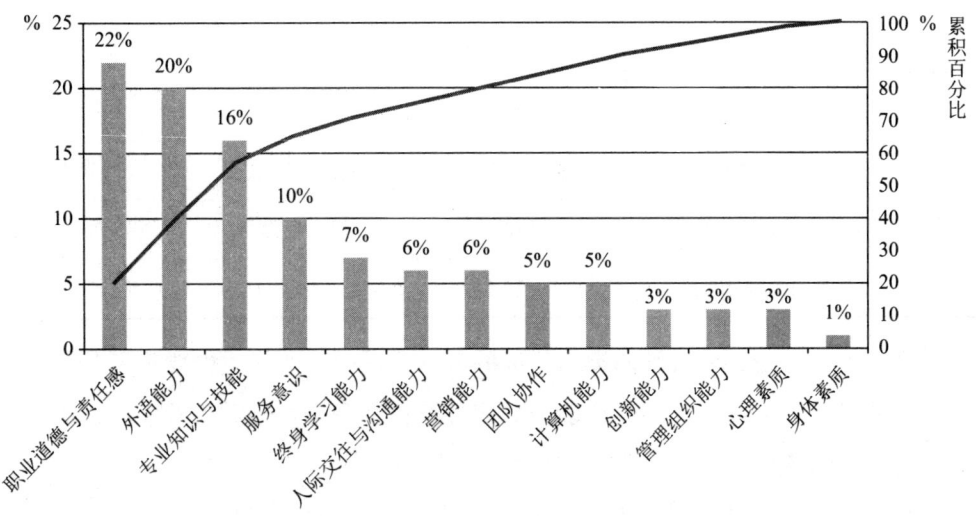

图5-9　签证专员岗位群招聘人才质量要求的文本频率

根据图5-9可知，签证专员岗位群的人才质量要求，最重要的职业素质前三位是职业道德与责任感、服务意识和人际交往与沟通能力，对知识与能力要求的前三位是外语能力专业、知识与技能及终身学习能力。

3. 旅行社企业四类岗位群人才质量要求的雷达图

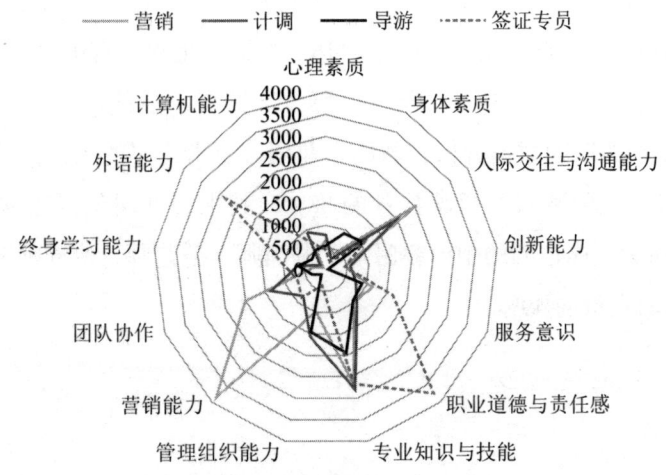

图5-10　旅行社四类岗位群人才质量要求雷达图

4. 旅行社企业四类岗位群人才质量要求的共性与个性分析

表 5-6　旅行社四类岗位群的人才质量要求排序分析

人才质量要求	营销	计调	导游	签证专员
职业素质（前三位）	人际交往与沟通能力	人际交往与沟通能力	人际交往与沟通能力	职业道德与责任感
	服务意识	职业道德与责任感	职业道德与责任感	服务意识
	职业道德与责任感	心理素质	身体素质	人际交往与沟通能力
知识与能力（前三位）	营销能力	专业知识与技能	专业知识与技能	外语能力
	专业知识与技能	团队协作能力	管理组织能力	专业知识与技能
	团队协作能力	管理组织能力	外语能力	终身学习能力

根据表 5-6 分析，旅行社四类岗位群的人才质量中职业素质的要求是共性的：职业道德与责任感、人际交往与沟通能力和服务意识都是企业最看重的职业素质。而在知识与能力方面各个岗位群都有自己的个性需求。

所以在制定旅行社经营管理专业人才培养方案时，要重视职业岗位变化，实现人才培养规格与企业用人规格的契合，职业院校应按照岗位群职业素质的共性需求和知识与能力的个性需求，根据岗位群制定课程标准，按照岗位工作任务设计学习任务，努力探索教学做一体的分向定岗式人才培养模式，同时要培养学生对职业从业资格证书的认同，积极获得导游资格证书，提高就业的质量。

（二）酒店企业岗位需求预测与人才质量要求分析

1. 岗位需求预测

酒店企业岗位群主要分六类：前厅、客房、餐饮、工程、营销、人力资源。

根据南京奥派公司在"51job、智联招聘、58同城、最佳东方"四大主流平台从 2019 年 1 月~12 月抓取的数据分析，酒店企业用人需求最多的三个岗位群主要是：餐饮、前厅、客房，占到酒店总招聘数量的 88%，其中餐饮岗位群需求人才数量最多（见图 5-11）。而餐饮岗位群的中西餐厨师、调酒师、茶艺师、侍酒师需求量较大，占到餐饮岗位群招聘数量的 49%。

第五章　旅游类人才岗位需求预测与质量要求分析

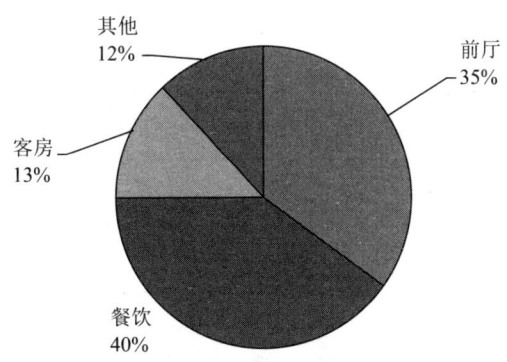

图 5-11　酒店三类岗位群招聘数量的比例

2. 人才质量要求分析

根据旅游人才质量词典指标体系，对三级指标的关键词的文本频数进行统计，分析酒店前厅、客房、餐饮三类岗位群的人才质量要求。

（1）前厅岗位群的人才质量要求分析

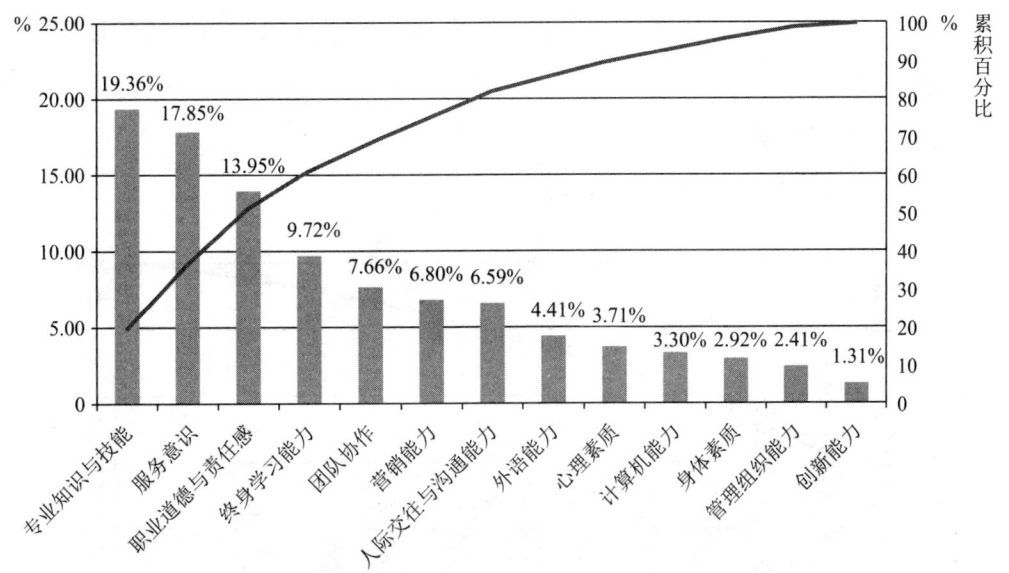

图 5-12　前厅岗位群招聘人才质量要求的文本频率

由图 5-12 可得，前厅岗位群人才质量要求，最重要的职业素质是服务意识、职业道德与责任感。关于知识与能力最重视的是专业知识与技能和终身学习能力。

— 69 —

（2）客房岗位群的人才质量要求分析

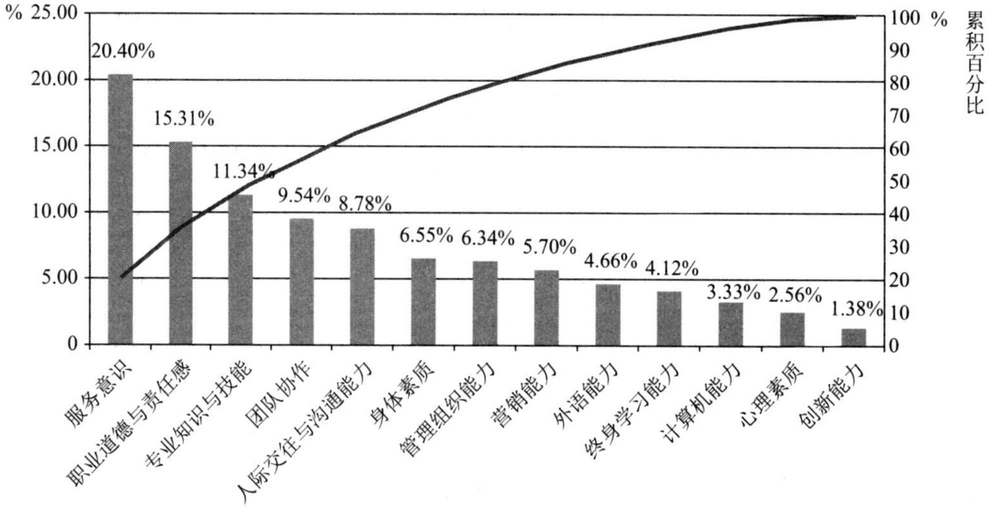

图5-13 客房岗位群招聘人才质量要求的文本频率

由图5-13可知，客房岗位群人才质量要求，最看重的职业素质依然是服务意识、职业道德与责任感，其次是人际交往与沟通能力和身体素质。关于知识与能力最重视的是专业知识与技能和团队协作能力。

（3）餐饮岗位群的人才质量要求分析

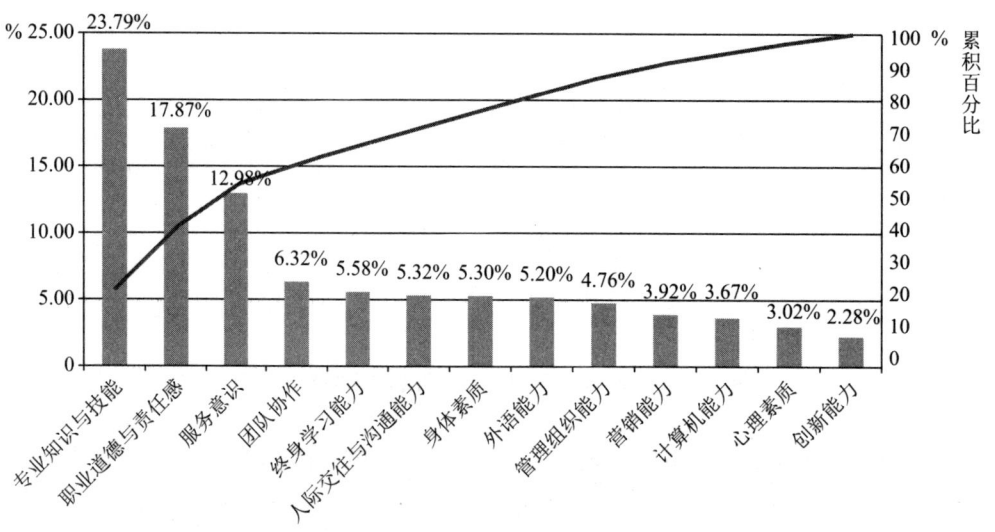

图5-14 餐饮岗位群招聘人才质量要求的文本频率

由图5-14可知，餐饮岗位群的人才质量要求，最看重的职业素质依然是职业道德与责任感、服务意识，知识与能力中最重视的是专业知识与技能和团队协作能力。作为餐饮岗位群中的中西餐厨师、调酒师、茶艺师、侍酒师不仅需要有专业证书，也需要具备终身学习能力不断地学习新的技能。

3. 酒店企业三类岗位群人才质量要求的雷达图

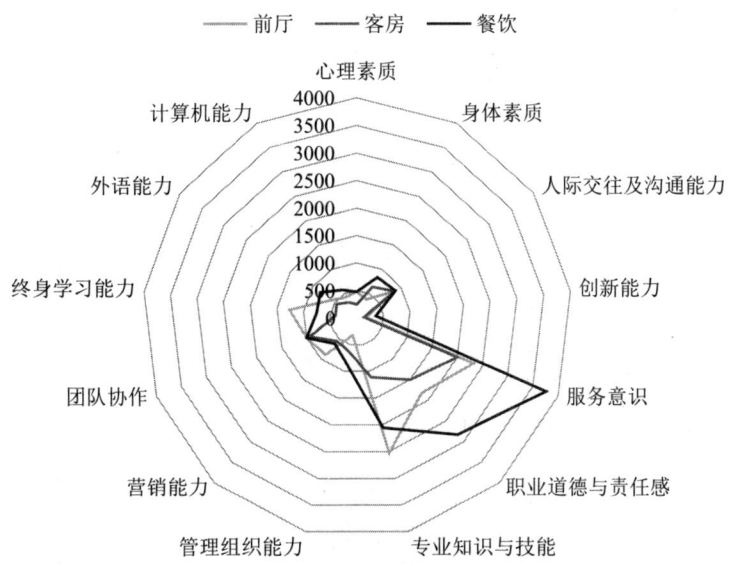

图 5-15　酒店三类岗位群需求人才质量要求的雷达图

4. 酒店企业三类岗位群人才质量要求的共性与个性分析

表 5-7　酒店三类岗位群的人才质量要求排序分析

人才质量要求	前厅	客房	餐饮
职业素质 （前三位）	服务意识	服务意识	职业道德与责任感
	职业道德与责任感	职业道德与责任感	服务意识
	人际交往与沟通能力	人际交往与沟通能力	人际交往与沟通能力
知识与能力 （前三位）	专业知识与技能	专业知识与技能	专业知识与技能
	终身学习能力	团队协作能力	团队协作能力
	团队协作能力	管理组织能力	终身学习能力

从表 5-7 可以看出，酒店三类岗位群人才质量要求中职业素质方面是共性的都是：服务意识、职业道德与责任感以及人际交往与沟通能力；知识与能力都要求专业知识与技能、团队协作能力及终身学习能力。

同时也发现除餐饮岗位群中对专业知识与技能要求比较高外，其他岗位群对人才质量要求是职业素质要高于知识与能力，所以在制定酒店管理专业人才培养方案时，要重视共性的素质培养，实现人才培养规格与企业用人需求的统一。职业院校应按照三类岗位群知识与能力的个性需求，根据岗位职业标准制定课程标准，按照岗位工作任务设计学习任务，积极探索教学做一体的人才培养模式。同时在教育部 1+X 证书制度要求下培养学生对职业从业资格证书的认同，积极获得中西餐厨师、调酒师、侍酒师、茶艺师等证书，提高就业的质量。

（三）景区企业岗位需求预测与人才质量要求分析

1. 岗位需求预测

景区企业岗位群主要分为四类：景区接待、景区营销、景区运维、娱乐表演（见表 5-1）。其中，娱乐表演不属于本课题专业研究范围，因此不作分析。

根据四大招聘网站抓取的数据分析，景区接待类岗位需求量最大，占比 48%，景区营销岗位占比为 39%，景区运维类岗位仅占 4%，见图 5-16。

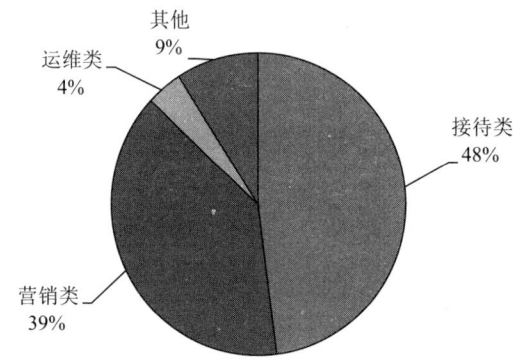

图 5-16　景区企业三类岗位招聘数量的比例

2. 景区企业三类岗位群人才质量要求分析

根据旅游人才质量词典指标体系，对三级指标的关键词的文本频数进行统计，分析景区企业三类岗位群人才质量要求。

（1）景区接待岗位群的人才质量要求分析

由图 5-17 可知，景区接待岗位群人才质量要求最看重的职业素质是服务意识、职业道德与责任感，其次是人际交往与沟通能力。关于知识与能力，最重视的是专业知识与技能、团队协作能力以及营销能力，外语能力、计算机能力也是必不可少的。

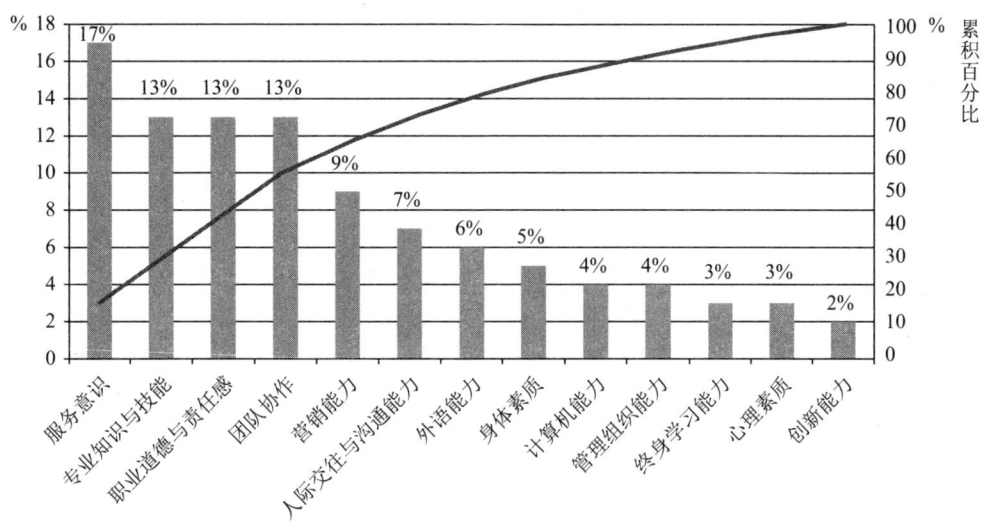

图 5-17　景区接待岗位群招聘人才质量要求的文本频率

（2）景区营销岗位群的人才质量要求分析

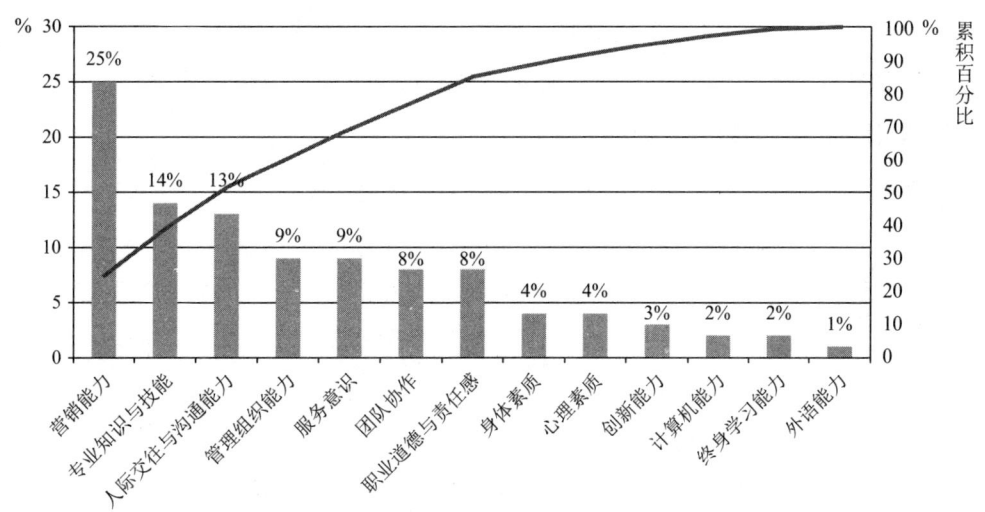

图 5-18　景区营销岗位群招聘人才质量要求的文本频率

由图 5-18 可知，景区营销岗位群人才质量要求，最看重的职业素质是人际交往与沟通能力和服务意识。关于知识与能力最重视的是营销能力、专业知识与技能和团队协作能力等，该岗位群的人才质量要求与旅行社营销岗位群的要求相同。

（3）景区运维岗位群的人才质量要求分析

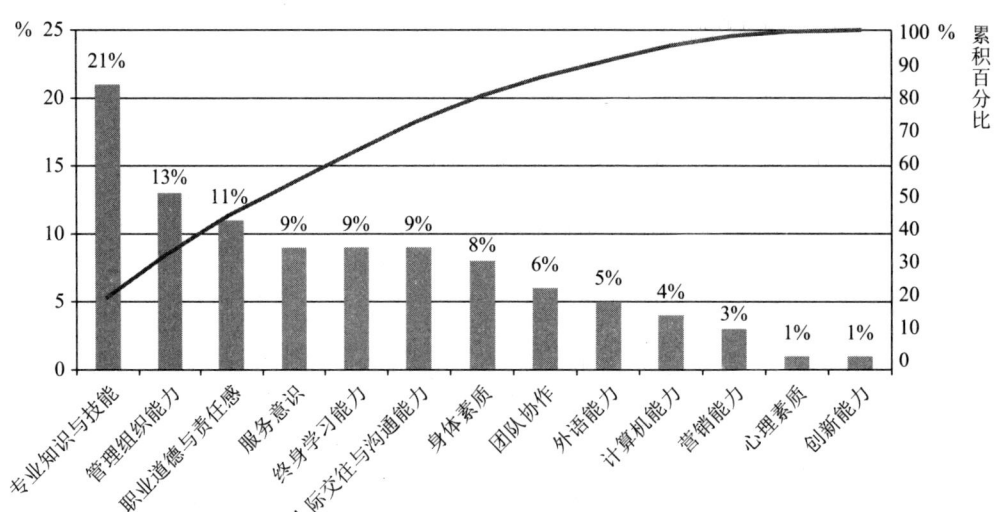

图5-19　景区运维岗位群招聘人才质量要求的文本频率

由图5-19可知，景区运维岗位群人才质量要求，最看重的职业素质是职业道德与责任感、服务意识和人际交往与沟通能力。关于知识与能力最重视的是专业知识与技能、管理组织能力以及终身学习能力等。

3. 景区企业三类岗位群需求人才质量要求的雷达图

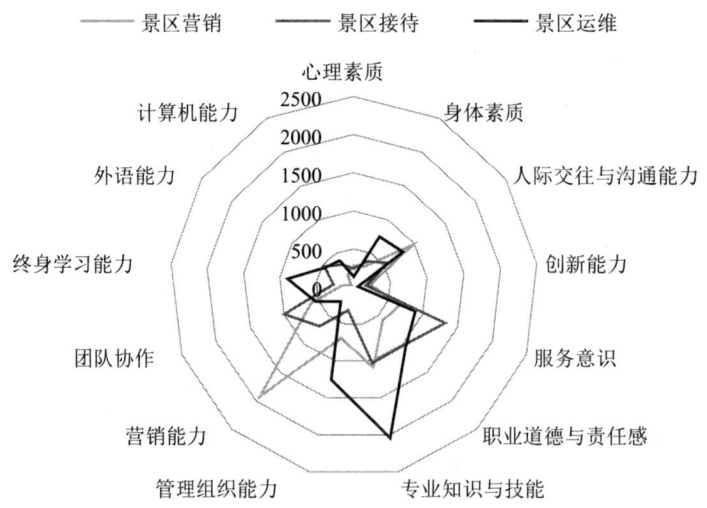

图5-20　景区企业三类岗位群需求人才质量要求雷达图

4. 景区企业三类岗位群人才质量要求的共性与个性分析

表 5-8　景区三类岗位群的人才质量要求排序分析

人才质量要求	接待	营销	运维
职业素质（前三位）	服务意识	人际交往与沟通能力	职业道德与责任感
	职业道德与责任感	服务意识	服务意识
	人际交往与沟通能力	职业道德与责任感	人际交往与沟通能力
知识与能力（前三位）	专业知识与技能	营销能力	专业知识与技能
	团队协作能力	专业知识与技能	管理组织能力
	营销能力	管理组织能力	终身学习能力

从表 5-8 所示，景区企业三类岗位群人才质量要求虽然各有侧重点，但在职业素质方面仍然是共性的职业道德与责任感、人际交往与沟通能力以及服务意识。在知识与能力方面对专业知识与技能、营销能力和管理组织能力的要求都相对较高，所以该专业需要一支专业能力较强的师资队伍，在制定景区开发与管理专业的人才培养方案时，要重视共性和个性问题。尤其是要关注智慧景区的发展，将景区管理智能化相关知识和技能纳入课程体系，并根据景区岗位群的职业标准制定课程标准，按照岗位群典型工作任务设计学习任务，实现人才培养规格与企业用人规格的高度契合。

四、小结

本章主要利用文本挖掘技术、聚类分析以及鱼骨归类分析等方法构建了旅游人才质量词典。充分挖掘收集的数据，并根据旅游人才质量词典指标体系的 13 个指标对应的关键词，抓取文本出现的频数，获得旅行社、酒店、景区三类企业岗位人才需求预测占比以及岗位群对人才质量要求。

通过分析发现旅游企业对人才质量要求，在职业素质方面是主要集中在职业道德与责任感、服务意识以及人际交往与沟通能力；在知识与能力方面，则因岗位的不同，不仅需要具备与岗位相匹配的专业知识与技能，还需要具备个性化的能力要求，如营销能力、管理组织能力、外语能力、终身学习能力等。本章分析旨在为职业院校旅游类专业设置以及招生计划的制定提供依据，对旅行社经营与管理专业、酒店管理专业、景区开发与管理专业人才培养方案的制定及修订提供理论指导和支撑。

第六章 对策及建议

近年来国家高度重视职业教育的发展，2019年更成为全面推进我国职业教育大改革大发展的新纪元。国家密集出台了《国家职业教育教育改革实施方案》《中国教育现代化2035》《建设产教融合型企业实施办法（试行）》等促进职业教育发展的政策文件，必将改变中国旅游职业教育和旅游类职业院校的发展轨迹，促进中国旅游职业教育高质量发展。从课题组研究结果来看，中国旅游职业教育人才供需矛盾依旧突出，具体表现在：一是旅游职教人才供给总量不能满足产业发展需求；二是旅游职教人才供需的结构性矛盾依旧突出，旅游新业态人才缺口较大；三是旅游行业人才吸引力不高，人才流动率较高，影响了旅游业高质量发展；四是旅游职业教育专业布局集中度高，以酒店管理、旅游管理等传统旅游要素为主，新业态专业开设较少；五是如何适应文旅融合发展，推进1+X证书制度，实现旅游终身教育的"学分银行"；六是国际化旅游职教人才培养亟待加强等。针对上述问题，结合国家职业教育相关文件精神，课题组从政府层面、行业企业层面及院校层面提出相应的对策及建议。

一、政府层面

据课题组不完全统计，2019年国家出台促进职业教育发展的重要政策文件共计43个，具体如表6-1所示。可以看出，国家对职业教育高度重视，职业教育在教育改革创新和经济社会发展中地位更加突出。特别是在《国家职业教育教育改革实施方案》（职教20条）中明确提出：经过5~10年时间，职业教育基本完成三个转变，即办学格局由政府举办为主转向政府统筹管理、社会多元办学；办学追求由规模扩张转向提高质量；办学模式由参照普通教育办学转向企业社会参与、专业特点鲜明，大幅提升新时代职业教育现代化水平，为促进经济社会发展和提高国家竞争力提供优质人才资源支撑。因此，如何更好地贯彻落实国家职业教育相关文件精神，推动中国旅游职业教育高质量发展，是教育主管部门、旅游主管部门的重点工作，结合国家政策和课题组调研发现的问题，提出以下建议。

第六章 对策及建议

表6-1 2019年出台职业教育文件一览表

序号	文件名称	发文时间	发文机构	发文字号
1	关于印发国家职业教育改革实施方案的通知	2019年1月24日	国务院	国发〔2019〕4号
2	教育部关于公布2019年高等职业教育专业设置备案和审批结果的通知	2019年1月15日	教育部	教职成函〔2019〕1号
3	中国教育现代化2035	2019年2月23日	中共中央办公厅、国务院办公厅	
4	加快推进教育现代化实施方案（2018—2022年）	2019年2月23日	中共中央办公厅、国务院办公厅	
5	关于印发《职业教育改革成效明显的省（区、市）激励措施实施办法》的通知	2019年3月20日	教育部	教职成函〔2019〕5号
6	建设产教融合型企业实施办法（试行）	2019年3月28日	国家发展改革委、教育部	发改社会〔2019〕590号
7	关于实施中国特色高水平高职学校和专业建设计划的意见	2019年3月29日	教育部、财政部	教职成〔2019〕5号
8	全国深化职业教育改革电视电话会议一一李克强作出重要批示	2019年4月4日		
9	关于在院校实施"学历证书+若干职业技能等级证书"制度试点方案	2019年4月4日	教育部等四部门	教职成〔2019〕6号
10	关于做好首批1+X证书制度试点工作的通知	2019年4月17日	教育部	教职成函〔2019〕36号
11	关于开展中国特色高水平高职学校和专业建设计划项目申报的通知	2019年4月18日	教育部、财政部	教职成厅函〔2019〕9号
12	关于先期重点建设培育的产教融合型企业建议名单的公告	2019年4月24日	教育部	教职所〔2019〕97号
13	关于印发孙春兰副总理在全国深化职业教育改革电视电话会议上的讲话	2019年5月5日	教育部	教职成〔2019〕9号
14	关于深入学习贯彻《国家职业教育改革实施方案》的通知	2019年5月6日	教育部	教职成〔2019〕11号
15	关于印发《高职扩招专项工作实施方案》的通知	2019年5月6日	教育部等六部门	教职成〔2019〕12号

续表

序号	文件名称	发文时间	发文机构	发文字号
16	关于全面推进现代学徒制工作的通知	2019年5月14日	教育部	教职成厅函〔2019〕12号
17	职业技能提升行动方案（2019—2021年）的通知	2019年5月18日	国务院办公厅	国办发〔2019〕24号
18	关于印发《高等职业学校物流管理专业实训教学条件建设标准》等21项职业教育教学标准的通知	2019年5月31日	教育部	教职成函〔2019〕9号
19	关于印发《全国职业院校教师教学创新团队建设方案》的通知	2019年6月5日	教育部	教师〔2019〕4号
20	关于职业院校专业人才培养方案制订与实施工作的指导意见	2019年6月5日	教育部	教职成〔2019〕13号
21	关于遴选首批国家级职业教育教师教学创新团队的通知	2019年6月6日	教育部	教师司函〔2019〕35号
22	关于做好2019年现代学徒制试点年度检查验收工作的通知	2019年6月11日	教育部	教职成司函〔2019〕60号
23	关于首批1+X证书制度试点院校名单的公布	2019年6月18日	教育部	教职所〔2019〕141号
24	关于公布《高等职业教育创新发展行动计划（2015—2018年）》项目认定结果的通知	2019年7月1日	教育部	教职成〔2019〕10号
25	关于公布2019年高等学历继续教育招生专业备案结果的通知	2019年7月8日	教育部	教职成函〔2019〕11号
26	关于公布首批国家级职业教育教师教学创新团队立项建设单位和培育建设单位名单的通知	2019年8月6日	教育部	教师函〔2019〕7号
27	关于全面做好退役士兵职业教育工作的通知	2019年8月7日	教育部办公厅等三部门	教职成厅函〔2019〕17号
28	关于教育支持社会服务产业发展 提高紧缺人才培养培训质量的意见	2019年9月5日	教育部办公厅等七部门	教职成厅〔2019〕3号
29	关于印发《深化新时代职业教育"双师型"教师队伍建设改革实施方案》的通知	2019年9月23日	教育部等四部门	教师〔2019〕6号
30	关于公布首批全国职业教育教师企业实践基地名单的通知	2019年9月23日	教育部等四部门	教师函〔2019〕9号

第六章　对策及建议

续表

序号	文件名称	发文时间	发文机构	发文字号
31	关于印发国家产教融合建设试点实施方案的通知	2019年9月25日	国家发展改革委、教育部等六部委	发改社会〔2019〕1558号
32	关于办好深度贫困地区职业教育助力脱贫攻坚的指导意见	2019年10月16日	教育部办公厅	教职成厅〔2019〕4号
33	关于印发《职业院校全面开展职业培训 促进就业创业行动计划》的通知	2019年10月23日	教育部办公厅等十四部门	教职成厅〔2019〕5号
34	关于印发《中等职业学校公共基础课程方案》的通知	2019年10月24日	教育部办公厅	教职成厅〔2019〕6号
35	关于成立国家职业教育指导咨询委员会的通知	2019年10月31日	国务院职业教育工作部际联席会议办公室	
36	关于推进1+X证书制度试点工作的指导意见	2019年11月9日	教育部办公厅等三部门	教职成厅函〔2019〕19号
37	关于加强和改进新时代中等职业学校德育工作的意见	2019年11月20日	教育部办公厅	教职成厅〔2019〕7号
38	关于服务全民终身学习 促进现代远程教育试点高校网络教育高质量发展有关工作的通知	2019年12月6日	教育部办公厅	教职成厅〔2019〕8号
39	关于公布中国特色高水平高职学校和专业建设计划建设单位名单的通知	2019年12月10日	教育部、财政部	教职成函〔2019〕14号
40	关于《中华人民共和国职业教育法修订草案（征求意见稿）》公开征求意见的公告	2019年12月8日	教育部	
41	关于印发《中小学教材管理办法》《职业院校教材管理办法》和《普通高等学校教材管理办法》的通知	2019年12月19日	教育部	教材〔2019〕3号
42	关于做好扩招后高职教育教学管理工作的指导意见	2019年12月23日	教育部办公厅	教职成厅函〔2019〕20号
43	关于推荐全国行业职业教育教学指导委员会（2020—2024年）委员的通知	2019年12月25日	教育部办公厅	教职成厅函〔2019〕21号

（一）组建文化和旅游职业教育行业指导咨询委员会

首先，建议由文化和旅游部牵头，整合原有的旅游职业教育指导委员会和文化职业教育指导委员会，组建国家层面的文化和旅游职业教育行业指导咨询委员会；同时由各省、自治区、直辖市的文化和旅游主管部门牵头，组建省级文化和旅游职业教育行业指导咨询委员会，形成国家和省级层面的二级文化和旅游职业教育行业指导咨询委员会的组织架构，更好地指导全国文化和旅游职业教育高质量发展。

其次，明确文化和旅游职业教育行业指导咨询委员会的主要职能，即对文化旅游类专业的职业教育和培训工作进行研究、咨询、指导和服务的职能，特别要加强"行指委"的引领、指导、平台、资源整合的作用，即研究文化和旅游行业职业教育发展政策，引领文化和旅游职业教育发展；对文化和旅游职业教育改革发展方向、办学模式、人才培养、产教融合、师资培养、办学质量等给予指导和政策咨询，促进文化和旅游职业院校高质量发展；搭建文化和旅游职业教育政、校、企、行之间的沟通平台，促进交流和合作；协调区域之间、院校之间、企业之间的资源的不平衡，整合优势资源对相对落后的地域、院校进行输出，提升我国文化和旅游职业教育的整体水平。

最后，建立文化和旅游职业教育政校企行的专家联席会议制度，定期研究、交流旅游职业教育发展中的难点、热点、瓶颈问题；定期发布相关研究成果。促进文化和旅游业职业教育更好地服务于区域旅游业以及区域经济的高质量发展。

（二）加强对旅游产业及旅游职业教育的科学研究

调研中发现，对旅游业发展及旅游职业教育发展的科学研究不够，是导致旅游职教人才供需结构性矛盾长期存在的主要原因之一。因此，建议各界，特别是政府主管部门高度重视，积极引导，持续加强对旅游产业、旅游职业教育发展态势等规律性的科学研究工作。主要包括政策研究、行业发展研究、旅游职业教育发展研究等，促进旅游职业教育与旅游产业发展良性互动。如加强旅游行业发展研究，预判行业发展趋势，定期发布行业发展情况与数据；加强旅游职业教育人才供需研究，分析研究本行业最新职业岗位变化和人才需求，科学预测行业人力资源需求、就业形势，定期发布人才供需预测报告；加强旅游职教人才质量研究，定期发布旅游职教人才质量报告；开展旅游职业教育专业结构与产业结构吻合情况的预警研究，定期发布预警报告等。

（三）加强对旅游业及旅游职业教育的基础数据的统计工作

课题组在项目研究过程中，遇到最大的困难就是近年来旅游业、旅游教育的统计数据缺乏。从文化和旅游部官网发布的统计数据来看：比较稳定持续发布的数据主要有旅游经济基本情况、全国星级饭店统计报告；全国旅行社统计报告缺乏稳定持续发布；尚未发布全国景点景区统计报告；尚无有关旅游新业态发展报告；曾经比较稳定持续发布的"全国旅游教育培训统计"报告，在2018年中断统计。因此，建议旅游主管部门高度重视基础数据统计工作，切实加强与教育、统计部门及旅游院校之间的联系与沟通，做好有关数据的采集积累工作，定期分类发布旅游业态发展以及旅游教育的统计报告，为科学研究工作提供官方权威的数据支撑。

（四）深化"放管服"改革，扩大旅游类职业院校办学自主权

课题组在调研中发现：中国旅游职业教育人才无论从数量规模上，还是从规格质量上都不能很好地满足旅游企业人才需求，旅游职业教育办学规模、办学质量与旅游人才规模和质量需求匹配度不高。《国家职业教育改革实施方案》中明确提出：各级政府部门要深化"放管服"改革，办学格局由政府举办为主转向政府统筹管理、社会多元办学；发挥企业重要办学主体作用，鼓励有条件的企业特别是大企业举办高质量职业教育。可以预见这些政策的落地，必将扩大旅游职业教育的办学规模，进一步提升旅游职业教育的办学质量。同时我们也欣喜地看到近年来国家也逐渐扩大职业院校在专业设置和调整、教师评聘、收入分配等方面的办学自主权，但是在影响到院校发展的深层次问题，即办学的去行政化，真正赋予职业院校办学自主权问题一直没有从根本上得到解决，职业院校更多是跟着政府的指挥棒，要么成为本科院校的压缩版，要么成为职业培训机构的扩充版，很难办成对接产业发展，专业特点鲜明的职业类型教育。因此建议：

一是，继续坚持"简政放权"，减少不必要的行政审批和干预，减少对学校微观事务的管理，赋予职业院校充分的办学自主权，包括学校定位、发展目标、人才培养模式、课程选择、专业设置、教师管理、自主招生、校企合作、经费使用等方面的权力[①]。

二是，扩大职业院校的用人自主权，包括教师编制、人事管理、干部选聘等，赋予职业院校制定符合区域旅游经济发展和旅游人才培养的教师准入和退出的制度，不断提高职业院校的教师质量和管理水平，提高办学质量。

三是，在打通人才成长的"立交桥"，建立现代旅游职业教育体系方面，赋予职业院校更多的自主权。建议出台打通从中职、专科、本科到研究生的上升通道的相应政策，建立学分积累和转换制度；可以在部分高职院校试点以职业需求为导向、以实践能力培养为重点、以产学研用为途径的专业学位研究生培养模式，搭建起人才终身学

---

① 胡卫. 职业院校亟待扩大办学自主权[J]. 上海教育评估研究，2014（03）：1-3.

习和职业生涯发展"立交桥",使人才培养工作一体化,促使旅游职业教育得到更多的关注与青睐,助力旅游职业人才整体水平的提档升级。

二、行业企业层面

针对目前产教融合深度不够问题,建议行业和企业积极参与职业院校人才培养的全过程,通过"专业共建、人才共育、过程共管、成果共享、责任共担"的"一体化"办学体制机制,深化产教融合,实现企业人才招得来、留得住、用得好,为文旅产业发展、企业发展提供有力的人才支撑。

(一)加快建设旅游类产教融合型企业

调研显示,尽管被调研的85%以上的旅游企业都与院校建立了校企合作关系,但校企合作深度不够,校企"双元"协同育人尚流于形式。2019年4月3日,国家发展改革委、教育部发布《建设产教融合型企业实施办法(试行)》,对产教融合型企业进行了界定,明确提出了我国建设产教融合型企业的原则、条件和支持政策等。因此,建议旅游企业抓住机遇,从校企合作型企业向产教融合型企业转变,在人才培养、技术创新、就业创业、社会服务、文化传承等多方面深化产教融合。

一是,与旅游类职业院校牵手,通过实施联合办学或联合办专业等方式,充分发挥旅游企业在旅游职教人才培养和人力资源开发中的主体地位和作用,由人才培养的参与者向育人者、使用者转变,创新旅游人才培养模式、办学体制机制,推动教育教学改革与产业转型升级衔接配套。如南京旅游职业学院与金通公司通过混合所有制办学,成立南京旅游职业学院乘务学院,培养空中乘务和高铁乘务专业人才。

二是,有能力和条件的旅游企业创办企业大学,如首旅如家大学、华住大学、携程旅游学院、常州恐龙园学院等,通过企业自办大学形式,面向自身企业或社会开展技术技能培训服务;也可以是旅游企业与旅游高职院校或应用型本科院校合作,共同创办企业大学,共同开发课程、教材,面向企业、院校和社会开展技术技能人才培养或培训服务,提升旅游人才培养质量。

三是,有能力和条件的旅游行业组织、旅游企业与旅游类职业院校合作,积极开展现代学徒制试点工作,探索建立具有中国特色旅游职业教育的现代学徒制制度体系。如广东省旅游协会、上海旅游高等专科学校、浙江旅游职业学院等先后成为教育部现代学徒制试点单位,将率先探索建立校企联合招生、联合培养、一体化育人的中国特色现代学徒制。因此,建议有技术技能人才培养能力的旅游企业紧跟文旅产业融合发展、区域经济发展的步伐,深度开展校企协同育人改革,设立学徒岗位,与职业院校联合招收学生(学徒),以工学结合的方式进行培养。

四是,有能力和条件的旅游培训评价组织作为旅游职业技能等级证书及标准的建设主体,旅游类职业院校作为1+X证书制度试点的实施主体,共同探索实施"1+X"证书制度。目前教育部公布的第一批、第二批1+X证书制度试点范围主要是在建筑工程技术、物流管理、电子商务数据分析、网店运营推广等15个领域,据课题组统计,共有60所旅游类职业院校参与,如河北旅游职业学院(物流管理)、江西旅游商贸职业学院(网店运营推广)、南京旅游职业学院(电子商务数据分析)、黑龙江旅游职业技术学院(智能财税)等。在2020年1月22日教育部职业技术教育中心研究所发布的《关于确认参与1+X证书制度试点的第三批职业教育培训评价组织及职业技能等级证书的通知》(教职所〔2020〕21号)中,拟确定参与1+X证书制度第三批试点的76个职业技能等级证书中,涉及旅游类的仅为亲子猫(北京)国际教育科技有限公司的研学旅行策划与管理职业技能等级证书。因此,建议旅游培训评价组织联合旅游职业院校,积极探索旅游职业技能领域1+X证书制度的试点工作,如旅行社计调证书、景区讲解员证书、民宿管家证书、酒店相关职业技能证书等,深化复合型旅游技术技能人才培养培训模式和评价模式改革,探索建设旅游职业教育国家"学分银行",提高旅游职教人才培养质量。

(二)深化人力资源管理,使毕业生招得来、用得好、留得住

企业竞争归根到底是人才的竞争。旅游人才短缺严重制约旅游业高质量发展。调研显示,旅游企业一线基层岗位比较辛苦,加之其收入普遍较低、培训不到位、对企业的管理风格不能适应等,是导致旅游企业招工难和基层员工流失率高的主要原因。因此,旅游企业要充分发挥校企双元育人主体作用,树立现代人本管理理念,深化人力资源管理。

一是,旅游企业应树立现代人本管理的理念,充分了解90后、00后学生的职业需求,对其职业生涯加以引导和规划,使学生更加全面地了解旅游行业和企业,增强对旅游职业和岗位的认同度和热爱,促进学生成长、成才。

二是学生在企业顶岗实习期间,企业应担负起教育者的角色,参与育人的全过程,注重深度挖掘企业职业精神元素,将优秀企业富含的企业家精神、创新精神、艰苦奋斗精神、工匠精神转化为"三全育人"材料,用鲜活的事例教育学生、塑造学生,切实做好每一位学生的职业生涯规划,关注学生的成长和发展,积极引导、激励学生勇于面对挫折,注重对学生职业素养和工作技能的培养,避免廉价用工。

三是,旅游企业应大力弘扬"专业创造价值,专业成就事业"的人才发展理念,

建立科学有效的毕业生职业能力提升管理体系,将能力提升与职业发展相结合,通过系统的培训、现代学徒制、自我学习提升等加快旅游职教人才培养。

四是,旅游企业应多管齐下,采取制度留人、环境留人、情感留人等方式,使得优秀的毕业生沉淀下来,成为企业可持续发展的生力军。旅游企业应从职业院校学生的职业发展需求考虑,以满足其职业成长需要为切入点,通过企业培训、轮岗、激励制度、领导风格和人格魅力等,充分挖掘他们的潜能,调动他们的积极性,营造和谐、宽容、公平的文化氛围,使他们从内心感受到激励,不断增强职业认同感和自豪感,进而增强企业的忠诚度、工作的使命感和荣誉感。

三、职业院校层面

2019年,职业教育启动大规模改革,从中共中央、国务院、教育部、人社部等部门出台的职业教育各类重磅文件可以看到国家对于职业教育的高度重视和精心部署。这些重要文件也体现了新时代对旅游职业教育的新要求。因此,旅游职业院校要充分认清形势,厘清人才培养工作存在的问题,通过深入学习并贯彻落实国家职业教育文件,提升办学质量,为旅游业高质量发展提供人力支撑。

(一)加强对旅游职业教育科学研究,建立区域旅游人才需求预警机制

长期以来旅游类职业院校轻科研现象比较普遍,对旅游职业教育科学研究不够,人才需求预警机制尚未建立起来。因此,建议旅游类职业院校高度重视对旅游产业、旅游职业教育发展等规律性的科学研究工作。如通过建立旅游区域职教联盟或文化旅游职业教育行业指导委员会,加强本区域旅游行业和企业的发展研究,预判行业发展趋势;加强本区域旅游人才供需研究,分析研究本区域旅游企业最新职业岗位变化和人才需求;加强专业结构与旅游产业结构吻合情况的预警研究等等,为旅游职业教育发展提供理论指引和支撑。

(二)健全对接产业、动态调整、自我完善的专业群建设发展机制

在2019年教育部、财政部公布的高水平专业群建设名单中,共有五所院校的旅游管理专业群、导游专业群、酒店管理专业群、餐饮管理专业群等四个旅游类专业群入选,为职业院校旅游类专业发展提供了学习的标杆和指引。根据国家对高水平专业群建设要求,职业院校要面向区域旅游产业发展,健全对接旅游产业、动态调整、自我完善的专业群建设发展机制,促进专业资源整合和结构优化,发挥专业群的集聚效应和服务功能,实现旅游人才培养供给侧和旅游产业需求侧结构要素全方位融合。因此,提出以下建议:

一是，专业设置与调整应准确把握区域文旅产业发展态势，追踪区域文旅产业发展的新动态、新需求，对接产业链和产业集群，进行专业集群（群）顶层设计、布局研究和论证，调整优化本校的专业结构布局，优化配置教学资源。

二是，注重专业调研，坚持以市场为导向设置专业，建立专业动态调整机制，及时调整和专业设置。当前，旅游需求已经进入层次细分，专业化、定制化越来越广泛的时代，中医药旅游、养生保健、体育健身、户外探险、工业遗产游、会展奖励旅游、研学旅行与修学旅游等进入蓬勃发展阶段，产品和业态的多元化，必然要求专业设置的多元化。职业院校应立足本区域旅游产业发展的实际，及时调整专业结构，开设新专业，停招"僵尸"专业。如浙江、云南、江苏等地民宿发展迅速，民宿管家需求量较大，建议这些地区的职业院校开设民宿管家方向；再如，调研结果显示目前景区开发与管理专业人才需求量大，建议未开设该专业的院校可以考虑对接本区域景点景区企业共同研究建设该专业；而对于需求萎缩的专业，要及时取消。

（三）深化复合型技术技能人才培养模式改革

随着"互联网＋旅游""旅游＋"的发展，旅游企业的用人需求结构也在发展转变，复合型技术技能人才越来越受到旅游企业的青睐。因此，坚持产教融合、知行合一、工学结合，深化复合型技术技能人才培养模式改革，成为旅游职业院校人才培养质量提升的必由之路。建议如下：

一是，招生模式改革。首先，建议有条件和实力的职业院校，尝试招生改革，改变专业"窄口径"招生的模式，推行按专业大类进行"宽口径"招生。其次，改变单一专业招生模式，可尝试四年制"双专业"招生；最后，对社会招生，本着"宽进严出"原则，实行弹性学时学分制。

二是，人才培养模式改革。首先，应积极践行校企"双元育人"模式，深化产教融合，通过混合所有制、现代学徒制等方式，校企共同研究制定和实施人才培养方案，及时将旅游产业发展的新技术、新工艺、新规范纳入教学标准和教学内容；构建规范化的技术课程、实习实训和技能评价标准体系；建立紧密对接产业链、服务创新链的学科专业体系，谋求校企共赢、共发展。其次，建设专业群交叉的培养平台，鼓励学生选修第二、第三专业，提高学生知识、技能的覆盖面；鼓励学生跨专业选修课程，让学生根据自己的兴趣和特长自主选择课程，实现"一专多能"的发展。最后，积极开展"学历证书＋若干职业技能等级证书"制度试点。从目前国家正式公布的二批"1+X"证书制度试点来看，尚未有旅游类职业技能等级证书。在《关于参与1+X证书制度试点第三批职业教育培训评价组织和职业技能等级证书的公示公告》中，涉及旅游类,仅有研学旅行策划与管理职业技能等级证书。因此,旅游职业院校应积极与旅游培训评价组织联合,积极探索旅游职业技能领域1+X证书制度的试点工作,如旅行社计调证书、旅游营销员证书、景区讲解员证书、民宿管家证书、酒店相关职业技能证书等,深化复合型旅游技术技能人才培养模式和评价模式改革,探索建设旅游职业教育国家"学分银行",提高旅游职教人才培养质量。

三是,人才培养方案及课程体系优化。专业人才培养方案是职业院校落实党和国家关于技术技能人才培养总体要求,组织开展教学活动、安排教学任务的规范性文件,是实施专业人才培养和开展质量评价的基本依据。[①]首先,旅游职业院校应认真贯彻执行《教育部关于职业院校专业人才培养方案制订与实施工作的指导意见》(教职成〔2019〕13号)文件要求,积极对接国家教学标准,优化专业人才培养方案,落实立德树人根本任务,构建德智体美劳全面发展的人才培养体系,突出职业教育的类型特点,深化产教融合、校企合作,推进教师、教材、教法改革,规范人才培养全过程,加快培养复合型技术技能人才。其次,构建旅游专业特色鲜明的课程体系。课程体系设计的逻辑起点是职业岗位(群)能力要求,因此,建议职业院校可借鉴本课题构建的旅游人才质量词典指标体系,对不同类型的旅游企业岗位群进行人才质量要求分析,根据本专业面向岗位群人才质量的具体要求,科学构建本专业(群)的课程体系;同时针对旅游企业的人才需求,按照职业标准、职业素养等来设计课程体系,开设旅游企业特色课程,提升学生职业精神和职业素养;特别值得一提的是,在优化人才培养方案时,要注重旅游人才的职业道德、服务意识、吃苦耐劳精神、企业忠诚度等道德品质培养,强化学生实习实训,促使学生养成严谨专注、敬业专业、精益求精和追求卓越的品质,助力学生树立正确的就业观、价值观和职业观,培养学生的爱岗敬业精神及人际沟通能力。

(四)深化产教融合、校企合作

职业教育培养的人才要面向产业、面向市场,旅游职业院校要培养高质量的旅游人才就必须走产教融合、校企合作的道路。深化产教融合、校企合作,既是旅游职业教育适应新时代旅游业大发展、提高人才培养社会契合度和人才培养质量的内在要求,也是深化供给侧结构性改革、加快旅游业高质量发展的根本要求。主要有以下建议:

一是,应注重产教融合、校企合作的顶层设计,推进校企利益融合,建立合作长效机制。建议组建校级层面旅游职业教育行业指导委员会,形成相对固化的管理制度、

---

① 《教育部关于职业院校专业人才培养方案制订与实施工作的指导意见》(教职成〔2019〕13号)

管理组织和沟通平台，建立校企双元育人的长效产教融合机制。

二是，应注重校企合作的共享共赢。产教融合、校企合作是以满足校企两个主体的利益诉求为宗旨，共享共赢是其共同特征。因此，旅游类职业院校在推进此项工作时，一方面要根据自身特点和人才培养的需要，主动选择与具备育人条件的区域内旅游企业合作，及时了解和掌握行业企业发展趋势和需要，充分利用合作企业的资本、技术、知识、设施、设备和管理等要素资源，积极推进专业教育教学改革、生产性实训实训基地建设和"双师型"教师培养等，提高办学质量；另一方面要充分发挥学校师资智力等资源，在企业员工培训、技能竞赛、企业文化传承和"四技"服务等方面开展合作，助推旅游企业和当地旅游经济发展。

三是，应积极推进产教融合型企业的建设。按照《建设产教融合型企业实施办法（试行）》文件规定，主动与合作旅游企业开展混合所有制办学、参与创办企业大学、开展现代学徒制和1+X证书制度、订单班人才培养等，支持合作企业申报、建设产教融合型企业，促进区域旅游企业深度参与"引企入教"改革，推动本校学生到合作企业实习实训制度化、规范化，发挥合作企业办学重要主体作用。

（五）深化"双师型"教师队伍建设

调研发现，双师型教师的短缺已经严重制约旅游职业院校高质量发展。加强"双师型"教师队伍建设不仅是职业院校人力资源开发的重要工作，也是办好职业教育的重要基础。建议如下：

一是，"双师型"教师招聘。旅游职业院校应高度重视"双师型"教师队伍建设，按照《国家职业教育改革实施方案》的要求，推进以双师素质为导向的新教师准入制度，制定"双师型"教师招聘制度和方案；每年列出专项经费预算，用于紧缺专业教师和高技能人才引进需要。此外，在学校绩效奖励、职称评审、进人编制等方面，向"双师型"教师队伍倾斜。

二是，"双师型"教师培养。旅游职业院校应根据自身的专业布局、人才结构和实际需求制定"双师型"教师培养计划，主要通过挂职、轮训、研修、项目开发与服务等方式培养教师成为行家里手。此外，与合作企业建立"师资双向流动"机制和体制，加快高水平"双师型"队伍建设。

三是，教学创新团队建设。旅游职业院校应高度重视高水平职业院校教师教学创新团队建设，积极按照《全国职业院校教师教学创新团队建设方案》文件要求，整合校内外优质人才资源，选聘旅游企业高级技术人员担任产业导师，组建校企合作、专兼结合的"双师型"教师团队，深化旅游职业院校教师、教材、教法"三教"改革，推进教师分工协作进行模块化教学,推动职业教育教学模式和人才培养模式改革。

(六)深化国际化办学,提高专业的国际化水平

调研显示,职业院校中旅游类专业开展中外合作办学的比例不高,主要集中在酒店管理专业,且多数院校以单向的将学生输出至境外合作院校进修、实习为主。当前,随着境外的旅游企业纷纷进入中国旅游市场,我国旅游行业尤其是酒店、旅行社、旅游景区在管理体制、管理方式上都发生了深刻变化。与此同时,国际旅游专业人才也纷纷涌入中国,中国本土的旅游人才面临着国际化旅游人才的激烈竞争,这对我国目前旅游职业教育是严峻的挑战。因此,为了应对日益激烈的国际旅游市场和旅游专业人才的竞争,职业院校必须将旅游教育置身于国际环境中,提升专业办学的国际化水平。建议如下:

一是,加强与旅游职业教育发达的国家如瑞士、美国、法国、澳大利亚等旅游教育品牌院校的交流合作,引进优质的职业教育资源,如专业标准、课程资源、教材资源、外教资源、国际职业资格认证等,用国际领先的教学手段和模式培养旅游国际化人才。

二是,开展多种形式的国际交流与合作。如通过合作培养、海外实习、互换学生等途径,加强学生的国际交流力度;通过教师出国培训进修和互派教师交流等途径,加强教师的国际交流与合作;通过与境外院校开展教学或科研项目合作,以项目促进国际交流与合作,拓展国际化办学空间。

三是,积极参与"一带一路"建设,与跨国旅游企业或境外"一带一路"国家的院校合作,开展"一带一路"国家的境外办学和国际教育服务,输出中国旅游职业教育资源,提升专业办学的国际化水平。

四是,积极承接中资旅游企业海外员工教育培训,探索中国旅游国际化职业教育模式,开发国际化专业标准、课程标准、教学资源等,打造中国旅游职业教育国际品牌。

附录1 2019年旅游人才需求预测调研问卷（企业版）

《中国旅游人才供给与需求研究报告》研制企业调查问卷

您好！

根据《中国旅游人才供给与需求研究报告》课题研究的需要，现针对2018年—2019年我国旅游企业人才资源状况进行问卷调研，旨在了解中国旅游企业人力资源的基本情况以及对职业院校学生的培养需求。此问卷不记姓名，只用于项目研究，不会对您个人和所在单位带来任何不利影响。真诚感谢您的帮助。

课题组

第一部分 企业基本情况

1. 您企业的名称是_____
2. 您的旅游企业面向的市场属于哪一种（可多选）

   A. 酒店　　　　　　B. 线下旅行社　　　　C. 线上旅行社　　　　D. 景区

   E. 会展公司　　　　F. 其他_____

3. 您的旅游企业等级（勾选）

   A. 二星或2A及以下　　　　　　B. 三星或3A　　　　　　C. 四星或4A

   D. 5星或5A　　　　　　　　　 E. 无等级

4. 您的旅游企业管理公司为

   A. 国际集团　　　　B. 国有企业　　　　　 C. 民营企业　　　　　 D. 其他_____

5. 您所在旅游企业开业时间为

A. 三年以下　　　　B. 三至五年　　　　C. 五至十年　　　　D. 十年以上

E. 二十年以上

6. 您所在旅游企业的注册资金为

A. 500 万以下　　　　　　　　　　B. 500 万~1000 万

C. 1000 万~5000 万　　　　　　　D. 5000 万以上

7. 您所在旅游企业的 2018 年度营业额为

A. 1000 万以下　　　　　　　　　B. 1000 万~3000 万

C. 3000 万~5000 万　　　　　　　D. 5000 万~1 亿

E. 1 亿以上

8. 你所在的企业分布在（可多选）

A. 华北地区　　　B. 东北地区　　　C. 西北地区　　　D. 华东地区

E. 华中地区　　　F. 华南地区　　　G. 西南地区

第二部分　企业人力资源基本情况

9. 您所在企业员工的编制为

A. 30 人以下　　　B. 30~100 人　　　C. 100~300 人　　　D. 300~500 人

E. 500 人以上

10. 您所在企业现有员工中，＿＿＿＿＿＿＿学历的员工所占比例最高

A. 本科及以上　　　B. 高职高专　　　C. 中专（高中）　　　D. 其他＿＿＿＿＿＿

其中高职学历占比＿＿＿＿＿＿＿。

A. 20% 以下　　　B. 20%~30%　　　C. 30%~40%　　　D. 40%~50%

E. 50% 以上

11. 您所在企业现有员工中，基层员工所占比例为＿＿＿＿＿＿

A. 50% 以下　　　B. 50%~60%　　　C. 60%~70%　　　D. 70% 以上

12. 您所在企业年员工年均流失率为

A. 10% 及以下　　　B. 11%~20%　　　C. 21%~30%　　　D. 31% 及以上

流失的最主要原因为＿＿＿＿＿＿

A. 工资待遇　　　B. 企业文化　　　C. 工作环境　　　D. 员工发展与培训

E. 职业压力　　　F. 管理风格　　　G. 领导魅力　　　H. 其他＿＿＿＿＿＿

13. 您所在企业留人的基本方式包括（可多选）

A. 提高薪酬　　　B. 提升职位　　　C. 增加培训　　　D. 一般不留人

E. 其他

14. 您所在企业常用的招聘渠道包括（可多选）

　　A. 校园招聘　　　　　　　　　　B. 网络招聘

　　C. 人才市场招聘　　　　　　　　D. 猎聘

　　E. 其他_____

其中 2018 年最主要的招聘渠道是_____

　　A. 校园招聘　　　　　　　　　　B. 网络招聘

　　C. 人才市场招聘　　　　　　　　D. 猎聘

　　E. 其他_____

15. 您所在企业员工从基层岗位晋升至主管岗位的平均年限一般为

　　A. 2~3 年　　　　B. 3~5 年　　　　C. 5~8 年　　　　D. 8 年以上

16. 旅游企业在招聘应届毕业生时，以下因素的重要程度是

因素	非常重要（5分）	重要（4分）	一般重要（3分）	不重要（2分）	很不重要（1分）
外在形象					
外语能力					
毕业院校					
专业对口					
性格特征					
抗压耐挫					
吃苦耐劳					
团队意识					
服务意识					
业务能力					
社会关系					
沟通协调能力					
实习工作经验					
职业技能证书					

其他您认为重要的因素包括：_____

17. 决定旅游企业员工是否可以晋升基层管理岗位时，以下因素的重要程度是：

因素	非常重要 （5分）	重要 （4分）	一般重要 （3分）	不重要 （2分）	很不重要 （1分）
工作经验					
吃苦耐劳					
管理水平					
专业知识					
学历层次					
服务意识					
性格特征					
思维与视野					
国际化水平					
职业道德					
外语能力					
忠诚度					

其他您认为重要的因素包括：_____

第三部分　旅游企业员工培训、考核和薪资情况

18. 您所在企业人工成本占企业总成本的比重为

A. 20% 以下　　　B. 20%~30%　　　C. 30%~40%　　　D. 40% 以上

19. 您所在企业一线员工的平均月薪为

A. 2000 元 ~3000 元　　　　　　　B. 3000 元 ~4000 元

C. 4000 元 ~5000 元　　　　　　　D. 5000 元以上

20. 您所在企业主管的平均月薪为

A. 3000 元 ~4000 元　　　　　　　B. 4000 元 ~5000 元

C. 5000 元 ~6000 元　　　　　　　D. 6000 元以上

21. 您所在企业部门经理的平均月薪为

A. 5000 元以下　　　　　　　　　B. 5000 元 ~8000 元

C. 8000 元 ~10 000 元　　　　　　D. 10 000 元以上

22. 您所在企业员工固定工资的比重为

A. 50% 以下　　　B. 50%~70%　　　C. 70%~80%　　　D. 80% 以上

23. 您所在企业 2018 年培训成本占企业总成本的比重为

A. 5% 以下　　　　B. 5%~10%　　　　C. 10%~50%　　　　D. 15% 以上

24. 您所在企业员工平均接受的培训次数为

A. 3 次以下　　　　B. 3 次~10 次　　　　C. 10 次~20 次　　　　D. 20 次以上

25. 您所在企业员工培训种类包括（可多选）

A. 新员工入职培训　　　　　　　　B. 技能培训

C. 英语培训　　　　　　　　　　　D. 管理能力培训

E. 职业礼仪培训　　　　　　　　　F. 团队协作能力培训

G. 其他_____

26. 您所在企业员工培训方式包括（可多选）

A. 在线培训　　　　　　　　　　　B. 企业内部培训

C. 企业外聘教师培训　　　　　　　D. 其他

27. 您所在企业的一线员工发展至中层管理层一般需要接受哪些培训（请举例）

_____、_____、_____、_____、_____。

第四部分　校企合作情况

28. 您所在企业与职业院校是否存在校企合作关系？

A. 有　　　　　　B. 无

如有，请继续以下选项；没有请跳转至 33 题。

29. 您所在企业拥有的合作院校有多少家？

A. 1 家　　　　　B. 2 家~5 家　　　　C. 5 家~10 家　　　　D. 10 家以上

30. 您所在企业与职业院校存在哪种合作方式（可多选）

A. 提供实习基地　　　　　　　　　B. 师资或行业专家共享

C. 共同制定人才培养方案　　　　　D. 共建实习基地

E. 订单培养学生　　　　　　　　　F. 共同开发教材　　　G. 其他

31. 您所在企业与院校是否建立订单班？

A. 有　　　　　　B. 无

如有，请继续以下选项；没有请跳转至 33 题。

2018 年订单班在校学生数量是？

A. 30 人以下　　　　B. 30 人~50 人　　　　C. 50 人~100 人　　　　D. 100 人以上

如有毕业生，订单班学生的留用率是？

A. 20% 及以下　　　B. 20%~30%　　　C. 30%~40%　　　D. 40% 以上

32. 您所在企业每年从职业院校招聘的毕业生人数为

A. 5 人以下　　　B. 5 人~10 人　　　C. 10 人~20 人　　　D. 20 人以上

33. 您所在企业近几年从职业院校所招聘的毕业生中，专业主要集中在（可多选）

A. 酒店管理　　　B. 旅游管理　　　C. 导游　　　D. 旅行社经营管理

E. 景区开发与管理　　　　　　　　F. 休闲服务与管理

G. 会展策划与管理　　　　　　　　H. 其他_____

34. 您对现在职业院校培养的旅游大类专业学生还有哪些具体看法和建议？

_____

附录2 2019年旅游人才需求预测调研问卷（院校版）

《中国旅游人才供给与需求研究报告》研制院校调查问卷

您好！

根据《中国旅游人才供给与需求研究报告》课题研究的需要，现针对2018年—2019年我国旅游人才培养状况进行问卷调研，旨在了解我国高职及中职院校对旅游类专业学生的人才培养和相关需求。此问卷不记姓名，本研究的所有资料仅用于本次研究，不会对您个人和所在单位带来任何不利影响。真诚感谢您的帮助！

课题组

第一部分　院校基本情况

1. 院校名称：_____
2. 院校性质：

   A. 公办旅游类高职院校　　　　　　B. 公办综合类高职院校

   C. 公办中职院校　　　　　　　　　D. 民办高职院校

   E. 民办中职院校　　　　　　　　　F. 其他_____

3. 贵校开设的旅游类专业主要有（可多选）

   A. 酒店管理（酒店服务与管理）　　B. 旅游管理（旅游服务与管理）

   C. 导游（导游服务）　　　　　　　D. 旅行社经营管理

   E. 景区开发与管理（景区服务与管理）　F. 休闲服务与管理

   G. 会展策划与管理（会展服务与管理）　H. 旅游外语　　　I. 中餐烹饪

J. 西餐烹饪　　　　　K. 钟表维修　　　　L. 其他_____

4. 贵校旅游类专业在校生人数为

A. 100 人以下　　　B. 100~300 人　　　C. 300~500 人　　　D. 500~1000 人

E. 1000~2000 人　　F. 2000 人以上

其中，_____专业在校生人数最多；人数为_____人

A. 酒店管理（酒店服务与管理）　　　　B. 旅游管理（旅游服务与管理）

C. 导游（导游服务）　　　　　　　　　D. 旅行社经营管理

E. 景区开发与管理（景区服务与管理）　F. 休闲服务与管理

G. 会展策划与管理（会展服务与管理）　H. 旅游外语　　　　I. 中餐烹饪

J. 西餐烹饪　　　　　K. 钟表维修　　　　L. 其他_____

5. 旅游类专业生源主要为

A. 本省　　　　　　B. 周边省　　　　　C. 全国

如为全国招生，涉及省（自治区、直辖市）为

A. 5 个以下　　　　B. 5~10 个　　　　　C. 10~20 个　　　　D. 20 个及以上

其中，省内生源占比

A. 30% 以下　　　　B. 30%~40%　　　　　C. 40%~50%　　　　D. 50% 以上

6. 2019 年旅游类专业招生的总人数为

A. 100 人以下　　　B. 100~300 人　　　C. 300~500 人　　　D. 500~1000 人

E. 1000~2000 人　　F. 2000 人以上

7. 2019 年旅游类专业招生的专业有（可多选）

A. 酒店管理（酒店服务与管理）　　　　B. 旅游管理（旅游服务与管理）

C. 导游（导游服务）　　　　　　　　　D. 旅行社经营管理

E. 景区开发与管理（景区服务与管理）　F. 休闲服务与管理

G. 会展策划与管理（会展服务与管理）　H. 旅游外语　　　　I. 中餐烹饪

J. 西餐烹饪　　　　　K. 钟表维修　　　　L. 其他_____

8. 2019 年招生人数最多的专业为

A. 酒店管理（酒店服务与管理）　　　　B. 旅游管理（旅游服务与管理）

C. 导游（导游服务）　　　　　　　　　D. 旅行社经营管理

E. 景区开发与管理（景区服务与管理）　F. 休闲服务与管理

G. 会展策划与管理（会展服务与管理）　H. 旅游外语　　　　I. 中餐烹饪

J. 西餐烹饪　　　　　K. 钟表维修　　　　L. 其他_____

9. 2019年招生人数最少的专业

A. 酒店管理（酒店服务与管理） B. 旅游管理（旅游服务与管理）

C. 导游（导游服务） D. 旅行社经营管理

E. 景区开发与管理（景区服务与管理） F. 休闲服务与管理

G. 会展策划与管理（会展服务与管理） H. 旅游外语 I. 中餐烹饪

J. 西餐烹饪 K. 钟表维修 L. 其他_____

10. 2019年就业率最高的专业是

A. 酒店管理（酒店服务与管理） B. 旅游管理（旅游服务与管理）

C. 导游（导游服务） D. 旅行社经营管理

E. 景区开发与管理（景区服务与管理） F. 休闲服务与管理

G. 会展策划与管理（会展服务与管理） H. 旅游外语 I. 中餐烹饪

J. 西餐烹饪 K. 钟表维修 L. 其他_____

其就业率为_____%，对口就业率为_____%

11. 2019年就业率最低的专业是

A. 酒店管理（酒店服务与管理） B. 旅游管理（旅游服务与管理）

C. 导游（导游服务） D. 旅行社经营管理

E. 景区开发与管理（景区服务与管理） F. 休闲服务与管理

G. 会展策划与管理（会展服务与管理） H. 旅游外语 I. 中餐烹饪

J. 西餐烹饪 K. 钟表维修 L. 其他_____

其就业率为_____%，对口就业率为_____%

12. 2019年开设的旅游类新专业有（可多选）

A. 酒店管理（酒店服务与管理） B. 旅游管理（旅游服务与管理）

C. 导游（导游服务） D. 旅行社经营管理

E. 景区开发与管理（景区服务与管理） F. 休闲服务与管理

G. 会展策划与管理（会展服务与管理） H. 旅游外语 I. 中餐烹饪

J. 西餐烹饪 K. 钟表维修 L. 其他_____

13. 2019年停招的旅游类专业有（可多选）

A. 酒店管理（酒店服务与管理） B. 旅游管理（旅游服务与管理）

C. 导游（导游服务） D. 旅行社经营管理

E. 景区开发与管理（景区服务与管理） F. 休闲服务与管理

G. 会展策划与管理（会展服务与管理） H. 旅游外语 I. 中餐烹饪

J. 西餐烹饪　　　　　K. 钟表维修　　　　L. 其他_____

14. 2019年贵校旅游类专业校内实训实习基地有

A. 5个以下　　　B. 5~10个　　　C. 10~20个　　　D. 20个及以上

15. 贵校旅游类专业中_____专业为省级及以上示范（或品牌/优势/特色）专业（可多选）

A. 酒店管理（酒店服务与管理）　　　B. 旅游管理（旅游服务与管理）

C. 导游（导游服务）　　　　　　　　D. 旅行社经营管理

E. 景区开发与管理（景区服务与管理）　F. 休闲服务与管理

G. 会展策划与管理（会展服务与管理）　H. 旅游外语　　　I. 中餐烹饪

J. 西餐烹饪　　　　　K. 钟表维修　　　　L. 其他_____

16. 贵校旅游类专业人才培养模式一般为

A. 2+1　　　B. 1+1+1　　　C. 2.5+0.5　　　D. 1.5+1+0.5

E. _____

17. 贵校是否有中外合作办学专业

A. 是_____（填写中外合作办学专业）　　　B. 否

18. 贵校是否有境外留学生

A. 是_____（填写招收境外留学生专业）　　　B. 否

第二部分　校企合作情况

19. 贵校与企业合作的旅游类专业有（可多选）

A. 酒店管理（酒店服务与管理）　　　B. 旅游管理（旅游服务与管理）

C. 导游（导游服务）　　　　　　　　D. 旅行社经营管理

E. 景区开发与管理（景区服务与管理）　F. 休闲服务与管理

G. 会展策划与管理（会展服务与管理）　H. 旅游外语　　　I. 中餐烹饪

J. 西餐烹饪　　　　　K. 钟表维修　　　　L. 其他_____

20. 合作旅游企业的类型（可多选）

A. 酒店　　　B. 线下旅行社　　　C. 线上旅行社　　　D. 景区

E. 会展公司　　　F. 其他

其中_____类型的企业最多

A. 酒店　　　B. 线下旅行社　　　C. 线上旅行社　　　D. 景区

E. 会展公司　　　F. 其他

21. 贵校旅游类专业与企业合作的方式有（可多选）

A. 提供实习基地　　　　　　　　　　B. 师资或行业专家共享

C. 共同制定人才培养方案　　　　　　D. 共建实习基地

E. 订单培养学生　　F. 共同开发教材　　G. 现代学徒制　　　H. _____

22. 贵校旅游类专业合作的企业有多少家？

A. 5家以下／专业　　　　　　　　　　B. 6家~10家／专业

C. 11家~20家／专业　　　　　　　　　D. 21家及以上／专业

23. 合作的旅游企业等级（勾选）

A. 二星或2A及以下　　　　　　　　　B. 三星或3A

C. 四星或4A　　　　D. 5星或5A　　　E. 无等级

24. 旅游类专业是否建立订单班？

A. 有　　　　　　　　B. 无

如有，2018年订单班的学生数量是？

A. 30人以下　　　　B. 30人~50人　　C. 50人~100人　　D. 100人以上

订单班学生的留用率是？

A. 20%及以下　　　B. 20%~30%　　　C. 30%~40%　　　D. 40%以上

2019订单班学生人数最多的专业是

A. 酒店管理（酒店服务与管理）　　　B. 旅游管理（旅游服务与管理）

C. 导游（导游服务）　　　　　　　　D. 旅行社经营管理

E. 景区开发与管理（景区服务与管理）　F. 休闲服务与管理

G. 会展策划与管理（会展服务与管理）　H. 旅游外语　　　　I. 中餐烹饪

J. 西餐烹饪　　　　K. 钟表维修　　　L. 其他_____

2019年订单班学生的留用率最高专业是

A. 酒店管理（酒店服务与管理）　　　B. 旅游管理（旅游服务与管理）

C. 导游（导游服务）　　　　　　　　D. 旅行社经营管理

E. 景区开发与管理（景区服务与管理）　F. 休闲服务与管理

G. 会展策划与管理（会展服务与管理）　H. 旅游外语　　　　I. 中餐烹饪

J. 西餐烹饪　　　　K. 钟表维修　　　L. 其他_____

25. 校企合作的期限一般为（　　　）

A. 1年　　　　　　　B. 2~3年　　　　C. 3~5年　　　　D. 5年以上

26. 2019年贵校旅游类专业校外实习基地有

A. 5 家以下 / 专业　　　　　　　　B. 5 家 ~10 家 / 专业

C. 10 家 ~20 家 / 专业　　　　　　D. 20 家以上 / 专业

27. 合作企业顶岗实习的时间一般为（多选）

　　A. 三个月以下　　B. 三个月到半年　　C. 半年到一年　　D. 一年及以上

第三部分　实习就业情况

28. 旅游类企业提供的招聘就业实习岗位有（可多选）

　　A. 一线业务岗　　　B. 一线技术岗　　　C. 基层管理岗（储备）

　　D. 基层技术骨干（储备）　　　E. 其他

29. 哪类企业提供的实习岗位数量最多

　　A. 酒店　　　　B. 线下旅行社　　　C. 线上旅行社　　　D. 景区

　　E. 会展公司　　F. 其他

30. 2017 年企业招聘的旅游类专业学生毕业实习人数为

　　A. 30 人以下 / 专业　　　　　　B. 30 人 ~50 人 / 专业

　　C. 50 人 ~100 人 / 专业　　　　D. 100 人以上 / 专业

　　其中，招聘人数最多的专业为_____。

　　A. 酒店管理（酒店服务与管理）　　B. 旅游管理（旅游服务与管理）

　　C. 导游（导游服务）　　　　　　　D. 旅行社经营管理

　　E. 景区开发与管理（景区服务与管理）　　F. 休闲服务与管理

　　G. 会展策划与管理（会展服务与管理）　　H. 旅游外语　　I. 中餐烹饪

　　J. 西餐烹饪　　　K. 钟表维修　　　L. 其他_____

31. 贵校认为旅游企业招聘的应届毕业生时以下能力的重要性是

因素	非常重要（5分）	重要（4分）	一般重要（3分）	不重要（2分）	很不重要（1分）
工作经验					
吃苦耐劳					
管理水平					
专业知识					
学历层次					
服务意识					

续表

因素	非常重要（5分）	重要（4分）	一般重要（3分）	不重要（2分）	很不重要（1分）
性格特征					
思维与视野					
国际化水平					
职业道德					
外语能力					
忠诚度					

其他您认为重要的因素包括：_____

32. 2019 年旅游类企业提供的实习薪酬一般为

　　A. 1000~1200 元/月　　　　　　　　B. 1200~1500 元/月

　　C. 1500~1800 元/月　　　　　　　　D. 1800~2000 元/月

　　E. 2000 元以上/月

33. 2019 年旅游类专业就业实习时限为

　　A. 三个月以下　　B. 三个月到半年　　C. 半年到一年　　D. 一年

34. 2019 年招聘实习生最多的企业类型为

　　A. 酒店　　　　B. 线下旅行社　　C. 线上旅行社　　D. 景区

　　E. 会展公司　　F. 其他

35. 2019 年贵校旅游类专业学生实习结束在实习单位的留用率为

　　A. 10% 及以下　　B. 10%~20%　　C. 20%~30%　　D. 30%~40%

　　E. 40% 以上

36. 贵校认为自己培养的学生与行业的匹配度为_____

　　A. 非常匹配　　　B. 基本匹配　　　C. 不太匹配

　　D. 已经尽力，但效果不理想　　　　E. 不清楚

37. 贵校在旅游类专业校企合作、学生实习就业方面采取哪些措施？

　　_____（可附典型案例）

附录3 被调研职业院校和企业名单

被调研职业院校名单

序号	高职院校	序号	高职院校
1	南京旅游职业学院	22	宁波城市职业技术学院
2	无锡城市职业技术学院	23	嘉兴职业技术学院
3	江苏经贸职业技术学院	24	浙江商业职业技术学院
4	盐城工业职业学院	25	上海旅游高等专科学校
5	南通职业大学	26	上海农林职业技术学院
6	江苏海事职业技术学院	27	上海工商职业技术学院
7	南京工业职业技术学院	28	上海立达职业技术学院
8	南京城市职业学院	29	安徽商贸职业技术学院
9	苏州经贸职业技术学院	30	安徽经济管理干部学院
10	苏州工业职业技术学院	31	青岛酒店管理职业技术学院
11	苏州农业职业技术学院	32	山东理工职业学院
12	苏州市职业大学	33	日照职业技术学院
13	江苏商贸职业学院	34	山东女子学院
14	江苏农牧科技职业学院	35	潍坊职业学院
15	扬州高等职业技术学校	36	烟台职业学院
16	南京江宁高等职业技术学校	37	山东经贸职业学院
17	江苏省宿迁经贸高等职业技术学校	38	济南职业学院
18	镇江高等职业技术学校	39	山东青年政治学院
19	浙江旅游职业学院	40	山东现代学院
20	金华职业技术学院	41	山东旅游职业学院
21	温州职业技术学院	42	太原旅游职业学院

续表

序号	高职院校	序号	高职院校
43	山西旅游职业学院	70	武汉交通职业学院
44	河北旅游职业学院	71	武汉工商学院
45	广东农工商职业学院	72	郑州旅游职业学院
46	广西经贸职业技术学院	73	新乡职业技术学院
47	顺德职业技术学院	74	南阳职业学院
48	广东轻工职业技术学院	75	江西旅游商贸职业学院
49	深圳职业技术学院	76	九江职业大学
50	广东酒店管理职业技术学院	77	江西电力职业技术学院
51	广州城建职业学院	78	景德镇学院
52	深圳技师学院	79	江西工业职业技术学院
53	广西财经学院	80	江西科技职业学院
54	广西机电职业技术学院	81	长沙职业技术学院
55	广西国际商务职业技术学院	82	湖南现代物流职业技术学院
56	柳州铁道职业技术学院	83	重庆旅游职业学院
57	柳州城市职业学院	84	重庆三峡职业学院
58	桂林航天工业学院	85	重庆城市职业学院
59	桂林山水职业学院	86	重庆航天职业技术学院
60	广西现代职业技术学院	87	四川旅游学院
61	广西商业技师学院	88	四川城市职业学院
62	广西职业技术学院	89	四川工程职业技术学院
63	海南职业技术学院	90	黑龙江旅游职业技术学院
64	三亚理工职业学院	91	辽宁经济职业技术学院
65	海南工商职业学院	92	宁夏工商职业技术学院
66	海南经贸职业技术学院	93	宁夏职业技术学院
67	海南外国语职业技术学院	94	陕西青年职业学院
68	湖北三峡旅游职业技术学院	95	陕西职业技术学院
69	武汉商学院	96	陕西国际商贸学院

续表

序号	高职院校	序号	高职院校
97	甘肃工业职业技术学院	101	黔南民族职业技术学院
98	酒泉职业技术学院	102	铜仁职业技术学院
99	贵州交通职业技术学院	103	贵州航天职业技术学院
100	贵州城市职业学院	104	云南旅游职业学院

序号	中职院校	序号	中职院校
1	北仑职业高级中学	15	张家港第二职业高级中学
2	金华实验中学	16	上海市南湖职业学校
3	杭州市中等职业学校	17	上海市商贸旅游学校
4	杭州市旅游职业学校	18	上海市现代职业技术学校
5	宁波行知中等职业学校	19	宁夏旅游学校
6	连云港中等专业学校	20	中卫市职业技术学校
7	江苏省连云港中等专业学校	21	隆德县职业中学
8	涟水中等专业学校	22	桂林市旅游职业中等专业学校
9	张家港第二职业高级中学	23	广东省旅游职业技术学校
10	南京中华中等专业学校	24	青岛旅游学校
11	江苏省灌云中等专业学校	25	山东省潍坊商业学校
12	莫愁中等专业学校	26	海南省海口旅游职业学校
13	镇江市旅游学校	27	海南省旅游学校
14	徐州市张集中等专业学校		

被调研企业名单

序号	企业名称	序号	企业名称
1	安吉天使小镇乐园有限公司	6	北京瑞吉酒店
2	安顺豪生温泉度假酒店	7	北京天宇国际会展服务有限公司
3	安顺利云峰八寨文化旅游区	8	北京新国贸大酒店
4	北京峰会策划公司	9	北京燕莎中心凯宾斯基饭店
5	北京国贸大酒店	10	北京行宫国际酒店

续表

序号	企业名称	序号	企业名称
11	常州明都紫薇花园酒店	39	广西国旅
12	常州凯纳豪生大酒店	40	广州巴斯特会展有限公司
13	常州恐龙园股份有限公司	41	广州白天鹅宾馆
14	常州嬉戏谷有限公司	42	广州白云国际会议中心
15	常州中航酒店	43	广州白云山景区
16	成都(成旅)国际旅行社	44	广州方行教育国际旅行社有限公司
17	成都第三极旅行社有限公司	45	广州花园酒店
18	成都华蓉会展服务有限公司	46	广州丽斯智选酒店
19	成都立嘉会展公司	47	广州颐和大酒店
20	成都传媒集团	48	广州友好旅行社有限公司
21	成都赛思德沃文化传播有限公司	49	广州花园国际旅行社
22	成都思麦文化传播有限公司	50	贵阳铂尔曼大酒店
23	成都世纪城假日酒店	51	贵阳花溪青岩古镇
24	川立达深航国际酒店	52	贵阳万丽酒店
25	大连豪生酒店	53	贵阳新世界酒店
26	大连金石鲁能希尔顿度假酒店	54	贵阳中天凯悦酒店
27	大连凯宾斯基酒店	55	桂林康辉国际旅行社
28	大连圣亚海洋世界	56	桂林漓江景区
29	大连西郊国家森林公园	57	桂林平安国际旅行社有限公司
30	大连远洋洲际酒店	58	桂林市东西港舍酒店管理有限公司
31	大庆城市规划展览馆	59	桂林市冠之旅国际旅行社有限责任公司
32	丹东凤凰山国家风景名胜区	60	东方盐湖城旅游发展有限公司
33	东湖生态旅游景区	61	桂林海纳国际旅行社有限公司
34	东阳市假日旅游有限公司	62	桂林虹桥国际旅行社凤北路营业部
35	福州泰禾凯宾斯基酒店	63	桂林旅游股份有限公司
36	甘肃康辉国际旅行社	64	桂林市易游国际旅行社有限责任公司
37	广东鸿威国际会展集团有限公司	65	桂林唐朝国际旅行社
38	广东顺之旅国旅有限公司	66	桂林唐朝国际旅行社有限责任公司

续表

序号	企业名称	序号	企业名称
67	桂林阳朔闲云居民宿	95	河北康辉国际旅行社
68	阳朔居山民宿	96	黑龙江鹤岗矿业集团有限责任公司宾馆
69	桂山华星酒店	97	湖北宜昌长城假日酒店
70	哈尔滨 JW 万豪酒店	98	华强方特（宁波）文化旅游发展有限公司
71	哈尔滨大喜旅行社	99	吉林市东北假日旅行社有限公司
72	哈尔滨东北风国际旅行社有限公司	100	吉林市三宝旅行社有限公司
73	哈尔滨君逸酒店	101	吉林市三好旅行社有限公司
74	哈尔滨领航国旅	102	济南富力凯悦酒店
75	哈尔滨广瀚宾馆	103	济南高新禧玥东方酒店
76	杭州开元名都大酒店	104	济南索菲特银座大饭店
77	杭州千岛湖绿城度假酒店	105	济南银丰华美达酒店
78	杭州千岛湖温馨岛蝶来度假酒店	106	江南贡院
79	杭州天元大厦	107	江苏省中旅旅行社有限公司
80	杭州望湖宾馆	108	江苏舜天海外旅游有限公司
81	杭州维景国际大酒店	109	江苏苏宁环球套房饭店有限公司
82	杭州西湖云舍民宿	110	江苏天目湖旅游股份有限公司
83	杭州宋城景区	111	江苏议事园
84	杭州望湖宾馆有限责任公司	112	南昌红牛君庭酒店
85	杭州西溪湿地旅游发展有限公司	113	南昌绿地华邑酒店
86	黑河市山口湖旅游景区	114	南昌香格里拉大酒店
87	黑龙江春秋国际旅行社有限公司	115	南昌锦峰大酒店
88	黑龙江省科技馆	116	景德镇大酒店
89	黑龙江太阳岛花园酒店	117	江阴春秋旅行社有限公司
90	华航国旅	118	济南索菲特银座大饭店
91	华时新天	119	济南华能大厦
92	黄山市古徽州文化旅游区	120	济南汝能贵和洲际酒店
93	合景泰富集团轻资产事业部	121	济南千佛山景区
94	河南省新乡宾馆	122	山东维景酒店

续表

序号	企业名称	序号	企业名称
123	芜湖方特旅游度假区	151	南京锦绣江南旅游有限公司
124	江苏泰州天德湖宾馆有限公司	152	南京朗昇希尔顿酒店
125	江苏新好游国际旅行社有限公司	153	南京禄口机场铂尔曼大酒店
126	金陵饭店	154	南京南大国际会议中心
127	金陵江滨国际会议中心酒店	155	南京市中山陵园管理局
128	金陵江滨酒店	156	南京汤山温泉房车营地
129	锦江南京饭店	157	南京武英楼
130	句容宝华山国家森林公园	158	南京香格里拉酒店
131	句容碧桂园凤凰城酒店	159	南京御冠酒店
132	句容锦隆国际酒店	160	南京夫子庙展览馆
133	句容茅山景区	161	南京古南都饭店
134	昆明金鹰广场酒店	162	南京侯冲旅游发展有限公司
135	昆明锦江大酒店	163	南京涵碧楼酒店
136	昆明洲际酒店	164	南京湖滨金陵饭店
137	兰州交通旅行社	165	南京金奥费尔蒙酒店
138	兰州九天旅行社有限公司	166	南京仁恒辉盛阁国际公寓
139	兰州丝路国际旅行社有限公司	167	南京上秦淮假日酒店
140	廊坊市自然公园景区	168	南京圣和府邸豪华精选酒店
141	丽江市东巴谷旅游景区	169	南京世茂滨江希尔顿酒店
142	莫干兰宿度假酒店	170	南京市中国旅行社有限公司
143	京山县金山国际大酒店有限公司	171	南京斯图加特联合展览有限公司
144	喀什德瑞酒店管理有限责任公司	172	南京索菲特钟山高尔夫酒店
145	恐龙园文化旅游集团股份有限公司	173	南京汤山美泉沐浴文化主题民宿
146	南京大华国际旅游有限公司	174	南京玄武湖假日酒店
147	南京江宁科学园高校物业有限公司体育运动分公司	175	南京银杏湖农业观光休闲有限公司
148	南京江宁丽湖酒店有限公司	176	南京中海旅行社
149	南京金陵江滨酒店	177	宁波方特乐园
150	南京金丝利喜来登酒店	178	南京钟山国际高尔夫俱乐部

续表

序号	企业名称	序号	企业名称
179	南京状元楼酒店	207	容县容州国际大酒店
180	宁波君亭酒店	208	三门峡风光旅行社有限责任公司
181	南通惠蒲酒店投资有限公司	209	三门峡黄河旅行社有险责任公司
182	宁波东钱湖雷迪森度假酒店	210	三亚康莱德酒店
183	南京中山陵园管理局导游服务中心	211	三亚丽思卡尔顿酒店
184	南京中北友好国际旅行社有限公司	212	三亚瑞吉酒店
185	宁波开元曼居酒店	213	三亚希尔顿酒店
186	宁波开元名都大酒店	214	厦门国际悦海湾酒店
187	宁波南苑饭店	215	厦门凯宾斯基酒店
188	宁波市和泰旅行社有限公司	216	厦门磐基希尔顿酒店
189	宁夏逸飞旅行社	217	厦门香格里拉大酒店
190	宁夏光大旅行社	218	山东华夏城旅游景区
191	宁夏横城休闲度假区	219	山东舜和国际酒店
192	宁夏交通旅行社	220	山西省中国国际旅行社有限责任公司
193	宁夏六盘山旅行社	221	山西太行国际旅行社有限责任公司
194	宁夏万象旅行社有限公司	222	陕西世纪金源大饭店
195	内蒙古源源国际酒店有限责任公司	223	山西太原晋祠
196	宁夏中国旅行社有限公司	224	陕西职工国际旅行社
197	宁夏中汇时代国际会展有限公司	225	汕头金海湾大酒店
198	宁夏中旅	226	汕头龙光喜来登酒店
199	宁夏金宇伊豪宾馆	227	汕头裕通国际大酒店
200	宁夏西港航空饭店机场店	228	上海JW万豪酒店
201	启程旅游网	229	上海柏悦酒店（上海环球金融中心）
202	青岛东方影都融创皇冠假日酒店	230	上海宝华万豪酒店
203	青岛涵碧楼酒店	231	上海宝丽嘉酒店
204	青岛威斯汀酒店	232	上海复旦皇冠假日酒店
205	青岛中心假日酒店	233	上海华夏旅游有限公司
206	青海宾馆	234	上海金桥中心智选假日酒店

续表

序号	企业名称	序号	企业名称
235	上海金威万豪酒店	263	深圳富苑皇冠假日套房酒店
236	上海桔子精选酒店	264	深圳华侨城洲际大酒店
237	上海丽晟假日酒店	265	深圳美程国际会展服务有限公司
238	上海浦东丽思卡尔顿酒店	266	深圳安朴酒店
239	上海浦东四季酒店	267	深圳凯宾斯基酒店
240	上海浦东文华东方酒店	268	深圳麒麟山庄
241	上海趣游国际旅行社有限公司	269	深圳希尔顿欢朋酒店
242	上海佘山旅行社有限公司	270	沈阳艾美酒店
243	上海舜地三和园酒店	271	沈阳方特欢乐世界
244	上海斯格威铂尔曼大酒店	272	沈阳和颐酒店
245	上海外滩半岛酒店	273	沈阳华润君悦酒店
246	上海外滩华尔道夫酒店	274	沈阳岷山饭店
247	上海外滩茂悦大酒店	275	石家庄富力洲际酒店
248	上海外滩英迪格酒店	276	石家庄中茂海悦酒店
249	上海西郊宾馆	277	石嘴山市沙湖旅游景区
250	上海绿地铂骊酒店	278	四川绵阳假日国际旅行社有限公司
251	上海扬子江万丽大酒店	279	四川省中国青年旅行社亚太分社
252	上海银星皇冠假日酒店	280	四川省中国青年旅行社有限公司云龙分社
253	上海悦华大酒店	281	书香酒店投资管理集团有限公司
254	上海悦榕庄酒店	282	四川玉屏辉煌国际旅行社有限公司南宁分公司
255	上海半岛酒店	283	苏州金鸡湖大酒店有限公司
256	上海海昌极地海洋世界有限公司	284	苏州艾美酒店
257	上海欢乐谷	285	苏州福朋喜来登酒店
258	上海睿虎餐饮管理有限公司	286	苏州皇家金煦酒店
259	上海新天地安达仕酒店	287	苏州金鸡湖大酒店
260	上海银星皇冠假日酒店上海上影影视文化交流有限公司	288	苏州金鸡湖凯宾斯基酒店
261	深圳大梅沙京基海湾大酒店	289	苏州日航酒店
262	深圳东方银座雅高美爵酒店	290	苏州万豪酒店

续表

序号	企业名称	序号	企业名称
291	苏州温德姆花园酒店	319	无锡灵山元一希尔顿逸林酒店
292	苏州香格里拉大酒店	320	无锡市君来洲际酒店
293	苏州源宿酒店	321	无锡市灵山景区
294	苏州中茵皇冠假日酒店	322	无锡希尔顿逸林酒店
295	苏州乐园发展有限公司	323	无锡亚马逊餐饮管理有限公司
296	苏州洲际酒店	324	武汉东湖宾馆
297	太阳马戏	325	武汉光谷凯悦酒店
298	泰州市姜堰溱湖景区旅游发展有限公司	326	武汉华科大希尔顿欢朋酒店
299	泰州日航酒店	327	武汉会议中心
300	天津滨海假日酒店	328	武汉万达瑞华酒店
301	天津泛太平洋大酒店	329	西安芙蓉阁酒店
302	天津海滨旅游度假区	330	西安光大国际旅行社
303	天津海河悦榕庄	331	西安黄河旅行社有限责任公司
304	天津利顺德大酒店	332	西安凯莱酒店
305	天津瑞湾开元大酒店	333	西安喜来登大酒店
306	天津泰达国际会馆	334	西安大雁塔假日酒店
307	同程网络科技股份有限公司	335	西安新浪潮旅行社有限责任公司
308	同江三江口旅行社有限责任公司	336	西安中旅国际旅行社有限公司
309	途牛旅游网	337	西宁新华联索菲特大酒店
310	同福大饭店	338	西双版纳野象谷景区
311	嬉戏族集团有限公司	339	香港唐宫饮食集团
312	芜湖侨鸿皇冠假日酒店	340	携程旅游网
313	芜湖华邑酒店	341	忻州中国旅行社
314	芜湖苏宁环球大酒店	342	邢台县前南峪生态旅游景区
315	芜湖新百金陵大酒店	343	玄武饭店
316	无锡湖滨饭店	344	雁山区过山农家
317	无锡凯莱大饭店	345	扬州会议中心
318	无锡凯悦酒店	346	扬州金陵大饭店

续表

序号	企业名称	序号	企业名称
347	阳朔101民族酒店	374	徐州开元名都大酒店
348	阳朔画中游酒店管理有限公司	375	浙江横店影视城有限公司
349	阳朔唐人街酒店	376	浙江金马饭店有限公司
350	新明仕旅游发展有限公司	377	浙江义乌香格里拉酒店
351	银川国际交流中心	378	浙商开元名都酒店
352	银川凯悦嘉轩嘉寓酒店	379	镇江富力喜来登酒店
353	银川国贸中心假日酒店	380	镇江名都大饭店
354	银川西府井饭店有限公司	381	郑州艾美酒店
355	银川立达深航国际酒店	382	中国妇女活动中心好苑建国酒店
356	银川万达嘉华酒店	383	中国国旅（江苏）国际旅行社有限公司
357	银川西府井饭店	384	中国康辉南京国际旅行社有限责任公司
358	银川中青旅	385	中海凯骊酒店
359	云南世界园艺博览园	386	中青旅江苏国际旅行社有限公司
360	张掖国家湿地公园	387	中山艾美酒店
361	张掖市大湖湾景区	388	中卫市沙坡头旅游景区
362	长白山柏悦酒店	389	中原旅行社有限公司
363	长白山景区	390	重庆海外旅游有限公司
364	长春北湖国家湿地公园	391	舟山港客旅行社有限公司
365	长春福朋喜来登酒店	392	舟山市普陀康辉旅行社有限公司
366	长春喜来登酒店	393	中国大饭店
367	长春香格里拉酒店	394	中国国旅（江苏）国际旅行社有限公司
368	长沙富力万达文化酒店	395	中国康辉南京国际旅行社有限责任公司
369	长沙君悦酒店	396	中央饭店
370	长沙现代凯莱大酒店	397	周六福珠宝
371	长沙延年颐景酒店	398	竹园国际旅行社有限公司江苏分公司
372	长沙运达喜来登酒店	399	珠海银都酒店
373	徐州凯悦大酒店	400	珠海国泰酒店

附录4 旅游企业人力资源负责人访谈提纲及访谈企业名单

旅游企业人力资源负责人访谈提纲：

1. 贵企业目前的员工数量是多少？学历构成是怎样？

2. 贵企业人力资源成本占企业总成本的比重是多少？人力资源成本主要构成是什么？

3. 贵企业的员工流失率是多少？员工流失的主要原因是什么？

4. 每年新招聘的员工和实习生数量大概是多少？

5. 贵企业实习生的比例大概有多少？实习生的招聘条件是什么？

6. 贵企业招聘的实习生在哪些方面存在不足？对实习生有哪些培训方案？实习生的留用率如何？

7. 贵企业对应届毕业生录用的要求和条件是什么？

8. 贵企业针对不同层次的员工有哪些培训提升计划？

9. 贵企业目前合作的院校有哪些？校企合作的主要内容有哪些？您认为应该怎样推进校企合作、产教融合？

10. 贵企业对职业院校人才培养有什么建议？

访谈企业名单：

1. 南京金陵饭店
2. 北京中国大饭店
3. 三亚丽思卡尔顿酒店
4. 上海宝华万豪酒店
5. 上海四季酒店
6. 成都西行驿站文化传播有限公司

7. 宁夏中国旅行社有限公司

8. 宁夏贺兰山国家森林公园有限公司

9. 广州长隆欢乐世界

10. 天目湖旅游度假区

11. 科举博物馆

12. 中国国旅（江苏）旅行社有限公司

13. 江苏畅行文旅集团

附录5 灰色GM（1,1）模型算法Python语言实现代码

```python
import numpy as np
import math

hd = [215.7,210.8,209.4,197.9,191.2,186.3,182.1]
n = len(hd)
X0 = np.array(hd)
hda = [sum(hd[0:i+1]) for i in range(n)]
X1 = np.array(hda)
B = np.zeros([n-1,2])
Y = np.zeros([n-1,1])
i=0
while i<n-1:
    B[i][0] = -0.5*(X1[i] + X1[i+1])
    B[i][1] = 1
    Y[i][0] = X0[i+1]
    i=i+1
A = np.linalg.inv( B.T.dot(B)).dot( B.T).dot(Y)
a = A[0][0]
u = A[1][0]
XX0 = np.zeros(n)
XX0[0] = X0[0]
i=1
```

```
while i<n:
    XX0[i] = (X0[0] – u/a)*(1–mat_h. exp(a))*mat_h. exp(–a*(i));
    i=i+1
e = 0
i=0
while i<n:
    e += (X0[i] – XX0[i])
    i=i+1
e /= n
avg = 0;
i=0
while i<n:
    avg += X0[i]
    i=i+1
avg /= n
s12 = 0;
i=0
while i<n:
    s12 += (X0[i]–avg)**2;
    i=i+1
s12 /= n
s22 = 0;
i=0
while i<n:
    s22 += ((X0[i] – XX0[i]) – e)**2;
    i=i+1
s22 /= n
C = s22 / s12
cout = 0
i=0
while i<n:
```

```
        if abs((X0[i] – XX0[i]) – e) < 0.6754*mat h. sqrt(s12):
            cout = cout+1
    else:
            cout = cout
    i=i+1
P = cout / n
if (C < 0.35 and P > 0.95):
    # 预测精度为一级才通过
    m = 5   # 预测今后 5 年
    f = np.zeros(m)
    i=0
    while i<m:
            f[i] = (X0[0] – u/a)*(1–mat h. exp(a))*mat h. exp(–a*(i+n))
            i=i+1
    print("P="+str(P))
    print("C="+str(C))
    print(" 预测值：",end="")
    print(f)
    print(" 预测历年值：",end="")
    print(XX0)
else:
    print(' 灰色预测法不适用 ')
```

绘图实现

```
import numpy as np
import matplotlib as mpl
import matplotlib. pyplot as plt
plt.rcParams['font.sans–serif']=['SimHei']
plt.rcParams['axes.unicode_minus'] = False
y = np.array([215.7,210.8,209.4,197.9,191.2,186.3,182.1])
x = np.array([215.7,212.3,205.6,199.1,192.7,186.8,180.9])
```

```
plt.figure(figsize=(7,5))
plt.plot(y, lw = 1.5,label = ' 实际数据 ')
plt.plot(x, lw = 1.5, label = ' 预测数据 ')
plt.plot(y, 'bo')
plt.plot(x,'rx')
plt.grid(True)
plt.legend(loc = 0) # 图例位置自动
plt.axis('tight')
plt.xticks([0,1,2,3,4,5,6],['2011','2012','2013','2014','2015','2016','2017'])
plt.xlabel(' 年份 ')
plt.ylabel(' 住宿业从业人数（万人）')
plt.title(' 实际数据与预测数据 ')
plt.show()
```

附录6 应用Matlab实现Elman神经网络模型训练与预测

本代码分为两部分：模型的实现与训练、利用新数据与预测

代码用例为住宿业模型，星级酒店、旅行社的代码写法和本例相似，这里不再重复。

Elman神经网络模型训练代码：

```
% 清理控制台、图像、缓冲区
close all
clear,clc

% 加载数据，加载zsy.mat文件，此文件保存的是住宿业历年数据
load zsy
% 归一化处理
mi=min(hoteldata);
ma=max(hoteldata);
hoteldata=(hoteldata-mi)/(ma-mi);
traindata = hoteldata(1:15);

% 训练
% 输入
P=[];
for i=1:10
    P=[P;traindata(i:i+4)];
```

```
end
P=P';

% 期望输出
T=[traindata(6:15)];

% 创建 Elman 网络，采用默认参数
threshold=[0 1;0 1;0 1;0 1];
net=elmannet;
% 开始训练
% 设置迭代次数
net.trainParam.epochs=2000;
% 初始化
net=init(net);
net=train(net,P,T);

% 保存训练好的网络模型
save zsy_net net

% 使用训练数据测试一次
y=sim(net,P);
error=y-T;
mse1=mse(error);
T = T*(ma-mi) + mi;
y = y*(ma-mi) + mi;
figure(1)
plot(2009:2018,T,'b+',2009:2018,y,'r.');
title(' 使用原始数据测试 ');
legend(' 真实值 ',' 测试结果 ');
xlabel(' 年份 '),ylabel(' 就业人数 ');
figure(2)
```

```
plot(2009:2018,T-y,'b*');
title(' 训练数据测试结果的残差 ');
fprintf(' 均方差 =\n    %f\n',mse1);
disp(' 相对误差： ');
fprintf('%f ',(T-y)./y);
fprintf('\n');
y
```

使用训练好的模型与预测代码

```
% 清理控制台屏幕，清除缓冲区，清除已经显现的图像
close all
clear,clc

% 加载数据：已经训练好的模型和预测用新数据
load zsy_net
load zsy

% 归一化处理
mi=min(hoteldata);
ma=max(hoteldata);
testdata = hoteldata(1:17);
testdata=(testdata-mi)/(ma-mi);

% 输入
Pt=[];
for i=1:13
    Pt=[Pt;testdata(i:i+4)];
end
Pt=Pt';
% 仿真与预测
```

Yt=sim(net,Pt);

% 根据归一化公式将预测数据还原，可预测显示 2019 年数据，如需要更多年份的预测数据，需将预测出的新数据添加到 zsy.mat 文件中。

YYt=Yt*(ma−mi)+mi;

YYt